Jazz persönlich

Jazz, das größte Geschenk der Vereinigten Staaten von Nordamerika an die übrige Welt – ihren schwarzen Bürgern sei
Dank –, wird hier wie dort nur von einer Minderheit gewürdigt.
Jörn Scheer ist dieser Musik seit seinem 16. Lebensjahr verfal-
len und beschreibt in diesem „Interview mit sich selbst", wie es
dazu kam und was daraus wurde – und gibt nebenbei einen
kurzweiligen Überblick über den Jazz von den Anfängen bis in
unsere Tage.

Jörn Scheer, geb. 1941 in Hamburg, war
Professor für Medizinische Psychologie an
der Universität Gießen und lebt jetzt wieder
in seiner Vater- & Mutter-Stadt, wo er sich
neben literarischen und (jazz-) musikalischen Aktivitäten für die *Psychologie der
Persönlichen Konstrukte* engagiert.
Web: www.joern-scheer.de

Jörn Scheer

JAZZ PERSÖNLICH

Kleine Geschichte
einer großen Leidenschaft

edition ardetta

2020

Für Achim und Heinke Steingrüber, Diether Habicht-Benthin, Karl-Heinrich Lackmann, Uwe Mortensen, die seit über 50 Jahren meine Leidenschaft teilen, Peter Rieker, der mir vor über 30 Jahren sein Saxophon in die Hand drückte, und im Gedenken an Michael Schläper, der mir beibrachte, wie man damit umgeht.

© 2020 Jörn Scheer
Edition Ardetta – http://edition.ardetta.com
Corinthstr. 20, D-22605 Hamburg

Herstellung und Verlag:
BoD - Books on Demand, Norderstedt

ISBN 9 783752 625769

Inhalt

I

MEIN WEG ZUM JAZZ

II

JAZZ-GESCHICHTEN

III

100 JAHRE JAZZ

IV

INSELPLATTEN

ANHANG

Vorrede

Seit gut hundert Jahren gibt es den Jazz. Vor gut sechzig Jahren habe ich den Jazz entdeckt. Vor gut dreißig Jahren habe ich begonnen, Jazz zu spielen. Damals wie heute finden die meisten Menschen, denen ich davon erzähle, das „irgendwie" gut. Aber die meisten Menschen können mit der Musik, um die es dabei geht, selbst nicht viel anfangen. Wohl deswegen gilt die Beschäftigung mit dieser Musik als „elitär" – als handelte es sich dabei um so etwas wie die bekannt schwer verdauliche „Neue Musik" des frühen Zwanzigsten Jahrhunderts. Kein Wunder, daß im Jahre 2013 der Anteil des Jazz am internationalen Musikgeschäft nur knapp zwei Prozent betrug, gegenüber Klassischer Musik mit sechs Prozent und Rock, Pop usw. mit über 70%. Wahrlich ein Minderheitenprogramm!

Wozu dann dieses Buch? Es gibt bereits viele Bücher über Jazz. Doch Abhandlungen über Jazz sind oft so geschrieben, als setzten sie voraus, daß man schon darüber Bescheid weiß, worüber man sich informieren will. „Abhandlungen" eben. Sie handeln von Musiktheorie, Harmonielehre usw. Eine zweite Art von Büchern ist biographisch-anekdotischer Art. Diese erzählen aus dem bewegten Leben berühmter Jazzmusiker und behandeln ihre Musik eher nebenbei. Mir ist daran gelegen, etwas von der Begeisterung, und ja: tatsächlich Leidenschaft zu vermitteln, die ich seit Jahrzehnten für diese Musik empfinde. Deswegen habe ich ein anderes Format gewählt, als es bei Büchern „über" etwas üblich ist, nämlich den Dialog.

Im ersten Teil dieses „Interviews mit mir selbst" beschreibe ich meinen Weg zum Jazz und hoffe, daß die Leserin und der Leser ihn mitgehen können und auf diese ungewöhnliche Musik neugierig werden. Oder wenn sie sie schon kennen, mit ihr vertrauter werden.

Der zweite Teil besteht aus eigenen, anderswo schon veröffentlichten eigenen Kurzgeschichten, die in unterschiedlicher Weise mit Jazz zu tun haben. Wie immer bei literarischen Bemühungen sind „fact" und „fiction" schwer zu trennen. Ich hoffe, daß der Leser und die Leserin wohlwollend finden: *Si non è vero, è ben' trovato.* Wenn's nicht wahr ist, ist es doch wenigstens gut erfunden.

Der dritte Teil knüpft an diese Geschichten an und vertieft, was man über den Jazz wissen könnte und vielleicht auch wissen möchte. Deswegen habe ich auch hier wieder die Form eines fiktiven Gesprächs benutzt. Der Frager (oder die Fragerin) ist interessiert und weiß auch schon einiges, aber möchte sein (ihr) Wissen vertiefen.

Im vierten Teil geht es um meine „Inselplatten", die ich wie „Inselbücher" auf die berühmte einsame Insel mitnehmen würde. Da es aber keine einsame Insel und bald auch keine Platten mehr gibt, habe ich lieber einzelne Titel genannt, die man in den unendlichen Weiten des Internet findet.

Dieses Buch erhebt nicht den Anspruch, das Thema Jazz erschöpfend zu behandeln, alle wesentlichen Jazzmusiker und Jazzrichtungen korrekt oder „objektiv" darzustellen. „Jazz persönlich" bedeutet nicht nur eine subjektive Auswahl, auch das Erleben ist mein eigenes, meine Vorlieben (und Vorurteile) sind die meinen, die berichteten Erfahrungen wurden von mir gemacht. Ich hoffe aber, daß die Leser/innen sich ermutigt fühlen, eigene Erfahrungen mit der Musik unseres Zeitalters zu machen.

Hamburg, im Herbst 2020

I

MEIN WEG ZUM JAZZ

Intro: „Wie sind Sie eigentlich zum Jazz gekommen?"

Wie sind Sie eigentlich zum Jazz gekommen?

Im Herbst 1957, als ich 16 war, hat mir ein Freund, *Karl-Heinrich Lackmann*, ein paar Jazz-Platten geliehen, darunter eine mit der (weithin unbekannten) *Fernando Arbello's New Orleans Jazz Band* und eine mit dem *Charlie Parker Septet*. Ich kann das so genau datieren, weil ich mich daran erinnere, daß ich im Sommer jenen Jahres noch jemandem einen altklugen Vortrag darüber gehalten habe, daß all die Dynamik, die Klangvielfalt usw., die es im Jazz gebe, doch schon bei Beethoven zu finden sei (was ich meinem älteren Bruder nachgeplappert hatte). Karl-Heinrichs Platten haben mich dann eines Besseren belehrt.

Kam das aus heiterem Himmel oder war das Interesse daran schon irgendwie gebahnt, etwa in der Familie?

In meinem Elternhaus wurde nur klassische Musik gehört; schon Operetten betrachteten meine Eltern als eigentlich unter ihrem Niveau (obwohl ich mich auch an eine Fledermaus-Aufführung in der Hamburgischen Staatsoper erinnere). Ich fing dann an, mich für modernere Musik zu interessieren: Debussy, Bizet, Ravel, Prokoffieff, Saint-Saëns, Sibelius, Strawinsky, Gershwin, Hindemith. Das war sicher musikalisch eine Grundlage für das Interesse am Jazz, ohne daß ich sicher sagen könnte, wie ich nun dazu angeregt wurde, vielleicht durch den Musikunterricht in der Schule, an den ich aber kaum Erinnerungen habe,.

Gehörte Jazz damals nicht auch zur Jugendkultur?

Eine Jugendkultur wie heute gab es damals eigentlich nicht, jedenfalls keine, die sich in dem Ausmaß musikalisch definierte, wie das heute der Fall ist. Es war ja die Zeit der gesellschaftlichen und ökonomischen Konsolidierung nach dem Krieg, und die Jugend hatte eher teil daran, als daß sie sich davon abgrenzte. Allerdings gab es zwei Arten von Musik, für die sich eher Jugendliche interessierten: die proletarische Variante war Rock'n'Roll, der mit den sog. Halbstarken identifiziert wurde – einer unpolitischen und unorganisierten Jugendszene, die vor allem durch „Krawalle" auffiel, z. B. in der Ernst-Merck-Halle in Hamburg anläßlich eines *Bill Haley*-Konzertes das Mobiliar zerlegte. Als infolgedessen wenig später bei einem *Louis Armstrong*-Auftritt am gleichen Ort ein gigantisches Polizeiaufgebot mobilisiert wurde (bei Negermusik mußte man schließlich mit allem rechnen!), fanden wir das gänzlich unangebracht: wir, die Jazzer.

Was für Jazz war das denn damals?

Jazz bedeutete damals New Orleans- bzw. Dixieland-Jazz, wie ihn in Hamburg beispielsweise die *Old Merry Tale Jazz Band* spielte oder Veteranen wie die New Orleans-Legende *Kid Ory*[1], damals schon 73, den ich 1959 während einer Tournee hörte. Es war aber keineswegs nur eine Musik für Oberschüler. Aber es war schon eine Musik, die vor allem von Jugendlichen gehört wurde. Auch wenn es beim Rundfunk altgediente Jazz-Redakeure gab, etwas jünger als meine Eltern, die die Nazi-Zeit im kulturellen Widerstand überdauert hatten, wie *Olaf Hudtwalcker* oder *Joachim-Ernst Berendt*.

---

[1] Kid Ory: *Savoy Blues* (1957)
https://www.youtube.com/watch?v=mrQI9LVst10

What is this thing called Jazz?
(Nicolas Gardel)[2]

Was hat Sie denn damals für den Jazz eingenommen?

Ich denke, neben dem Musikalischen die Lebendigkeit. Klassische Musik kam uns steif vor, man ging in Schlips und Kragen ins Konzert, es fehlte jede Fröhlichkeit, jede sichtbare emotionale Bewegtheit. Wie damals der Wiener Musik-Kabarettist Georg Kreisler sang: *Aber die Gelehrten / saßen bei Konzerten / vieles, was sie herten / das hat sie nur schläfrig g'macht.* Wenn man Jazz hörte, konnte man sich bewegen, man konnte dabei reden, sich austauschen, man war nicht zu feierlichem Ernst verurteilt. Hinzu kam, daß Jazz offensichtlich hier und jetzt improvisiert wurde (also „produziert"), während klassische Musik bekanntlich „reproduziert" wird. Distanzierung vom Geschmack der Elterngeneration war sicher auch dabei.

Und Jazz war die Musik der Schwarzen, der unterdrückten Amerikaner; „Negro Spirituals" und Blues, zur Gitarre gesungen, gehörten dazu. Alles in allem war es zweifellos ein eher gefühlsmäßiger Bezug – wie wahrscheinlich immer, wenn es um Musik geht. Aber diese Musik sprach Emotionen in besonderer Weise an, jedenfalls bei uns: Musik, die „in jedes Bein geht", die einen mit den Fingern schnippen läßt, also auch eine psychophysische Wirkung hat.

Läßt sich das auch an objektiven Charakteristika der Musik festmachen?

Es hat möglicherweise etwas mit dem „Swing-Rhythmus" zu tun. Fast alle sonstige Musik wird „gerade" gespielt, ob es sich um klassische Musik handelt, um Rock'n'Roll, um lateinameri-

---

[2] Nicolas Gardel: *What is this thing called jazz* (CD *The Iron Age* 2018)
https://www.youtube.com/watch?v=W-s594l0EF0

kanische Musik oder um die Pop-Musik von heute: eine Achtel-Note ist eine Achtel-Note, und eine Viertel-Note ist eine Viertel-Note. Im swingenden Jazz ist das anders: Von je zwei Achtel-Noten wird grundsätzlich die erste länger, etwa doppelt so lang gespielt wie die jeweils nächste, so daß ein impliziter „Triolen-Effekt" entsteht: das erste Achtel entspricht den ersten zwei Schlägen einer Triole, das zweite dem dritten Schlag. Diese „triolische Phrasierung" wird nicht ausdrücklich notiert, sondern ist quasi selbstverständlich. Wenn man sie hervorheben will, z. B. in Big Band-Arrangements, wird sie so bezeichnet:

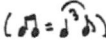

Im alten Jazz, also im New Orleans- und Dixieland-Stil, war dieses Phänomen noch deutlicher und klang fast so wie eine synkopierte Note, wie sie üblicherweise als „punktiert" bezeichnet wird: dann stehen die Längen der beiden Achtel-Noten im Verhältnis von 3:1 zueinander. Daher die übliche Rede von den vielen „Synkopen" im Jazz. Diese Phrasierung wird aber im modernen Jazz als „zickig" empfunden. Ich glaube, daß die „triolische Phrasierung" ganz entscheidend für den psychophysischen Effekt ist, der Leute wie mich im Jazz so anspricht. Es gibt aber sicher auch etwas auf der „harmonischen" Ebene, also etwas, was mit den Harmonien (im musikalischen Sinne) zu tun hat: Als mein Studienfreund *Uwe Mortensen* und ich regelmäßig nach Mitternacht die *Voice of America Jazz Hour* mit *Willis Conover* hörten und anschließend *Coltrane* auflegten, begeisterte uns z. B. in dem Stück *Alabama* [3] eine ganz bestimmte Stelle, die eigentlich nur ein abwärts verlaufendes Intervall zwischen zwei Tönen war. Später habe ich diese Stelle dann als verminderte Quinte identifiziert, also die – im Bebop Jazz – sagenumwobene „*flatted*

---

[3] Auf der LP *Live in Birdland* von 1963, Impulse AS-50, auf
https://www.youtube.com/watch?v=WIZHCfAXOb0

fifth". In *Andrew Hills* Elegie *Dedication* [4] gibt es eine ähnlich anrührende Stelle in einem Tenorsaxophon-Solo von *Joe Henderson*, die wir uns immer wieder anhören konnten, ein abwärts aufgelöster Dreiklang mit übermäßigen Intervallen.

Wenn das in den 50er Jahren offenbar viele junge Menschen angesprochen hat, so hat das aber anscheinend bei vielen nicht angehalten!

Das ist richtig. Vor allem die weiteren Entwicklungen des Jazz über Dixieland und Swing (in der anderen Bedeutung des Wortes, die den Jazz der 30er Jahre bezeichnet) hinaus hat viele, die sich damals für den sog. Oldtime-Jazz begeisterten, nicht interessiert. Das spricht dafür, daß die Dixieland-Begeisterung der 50er Jahre vor allem ein soziales Phänomen war. Insofern war Jazz als Gegenstand eines musikalischen Interesses immer, und ist es bis heute, ein Minderheiten-Programm – übrigens auch in den Vereinigten Staaten. In den letzten 50 Jahren hat es unter meinen Freunden und Freundinnen auch immer nur sehr wenige gegeben, die sich wirklich für Jazz interessiert haben. Dabei sind jene nicht mitgerechnet, die sich für Jazz-Musiker begeisterten, die das (angebliche) musikalische Ghetto verlassen und zeitweise breitere Resonanz gefunden hatten: typischerweise *Louis Armstrong* in den 50er Jahren, *Oscar Peterson* in den 60ern, *Chick Corea* und *Keith Jarrett* in den 70ern, *Jan Garbarek* in den 80ern, und später z. B. der *Buena Vista Social Club* mit seinen kubanischen Senioren.

Wenn Familientradition für die Entstehung der Jazzbegeisterung keine Rolle gespielt hat, war es vielleicht im Gegenteil die Abgrenzung von den Eltern?

Eigentlich nicht. Meine Eltern haben es mir eher schwer gemacht mit der Abgrenzung. Als sie Anfang der 50er Jahre

---

[4] Auf der LP *Point of Departure* von 1964, Blue Note BST 84167, auf
https://www.youtube.com/watch?v=JymutdKqHaM

erstmals einen Plattenspieler gekauft hatten – das war damals noch nicht selbstverständlich –, schlossen sie sich einem Plattenclub an: der *Concert Hall*-Gesellschaft, die klassische Musik vertrieb. Diese hatte auch eine Jazz-Abteilung, die *Jazztone Society*, und als meine Eltern merkten, daß der Junge sich für Jazz interessierte, bestellten sie für ihn zu Weihnachten 1957 auf gut Glück ein paar Platten aus dem Katalog: ich besitze sie noch heute – eine LP mit dem *Lionel Hampton Sextet* (mit *Lucky Thompson*) von 1954, eine mit dem – heute weitgehend vergessenen – *Wolfgang Lauth Quartet*[5] und eine Sammelplatte mit je einem Titel von *Sidney Bechet, Rex Stewart, Jack Teagarden, Buck Clayton, Red Norvo, Woody Herman, Charlie Parker, Coleman Hawkins, Erroll Garner, Art Tatum*, also ein bunter Querschnitt von fast allem, was bis damals im Jazz Rang und Namen hatte. Was sie nicht ahnten, war, daß sie damit meiner systematischen Beschäftigung mit dem Jazz die entscheidende Grundlage gegeben hatten...

Meine ersten LPs: Louis Armstrong, Bessie Smith,
Lionel Hampton

Hat denn diese Beschäftigung mit dem Jazz noch Raum gelassen für andere Musikformen?

Durchaus. Klassische Musik hat für mich allerdings nie die Bedeutung gewonnen, die sie für andere Menschen mit einem ähnlichen „bildungsbürgerlichen" Hintergrund hat, eher noch

---

[5] Wolfgang Lauth: *Date on wax* (1956)
   https://www.youtube.com/watch?v=5TUh7hx2-H4

„präklassische" und, wie erwähnt, postklassische Musik. Daneben habe ich mich immer für Volksmusik (natürlich nicht: „volkstümliche" Musik) oder Volks-„Kunst"-Musik interessiert, wie Flamenco, balkanische und jüdische bzw. israelische Musik, Chansons á la *Georges Brassens*, *Juliette Gréco* (die gerade 93jährig verstorben ist) und ähnliches. Aber keine andere Musikform hatte für mich je den Stellenwert, den der Jazz in (fast) allen seinen Varianten bis heute hat.

Doin' the thing *(Horace Silver[6])*

Hat diese Begeisterung in all den Jahren nicht dazu geführt, selbst diese Musik praktisch ausüben zu wollen?

Seltsamerweise nicht. In meinen jugendbewegten Jahren hatte ich mir zwar das Gitarrespielen soweit selbst beigebracht, daß ich uns beim Singen von deutschen, holländischen, schwedischen, jüdischen und anderen Volksliedern am Lagerfeuer und bei ähnlichen Gelegenheiten begleiten konnte. Das heißt, ich konnte Noten lesen und beherrschte die elementaren Akkordfolgen in den gebräuchlicheren Tonarten, die dazu nötig sind. Aber ich habe nie daran gedacht, selbst Jazz zu spielen. Vielleicht fand ich es zu schwierig oder von mir zu anmaßend, wenn ich es versucht hätte. Vielleicht hat auch der Klavierunterricht dazu beigetragen, den ich mit 13, 14 zwei Jahre lang hatte: er bestand im wesentlichen aus Tonleitern und Czerny-Etüden... Jedenfalls habe ich in den nächsten 30 Jahren Jazz nur gehört, allerdings ausgiebigst, und, wie man so sagt, mit allen Poren eingesogen.

---

[6] Horace Silver: *Doin' the thing* (LP *... at the Village Gate,* 1961, m. Blue Mitchell und Junior Cook)
https://www.youtube.com/watch?v=BWjeslQOhfE

Wie ist es denn dann dazu gekommen, daß Sie so viele Jahre später dann doch ein Instrument gelernt und angefangen haben, Jazz zu machen?

Dazu hat es einiger Umwege bedurft. Um die Mitte der 80er Jahre begann ich ohne besonderen Anlaß zu überlegen, was für ein Instrument denn eigentlich zu mir „passen" könnte – ganz ohne bewußte praktische Intentionen: das Altsaxophon fiel mir dazu ein. Nur ganz theoretisch, und wie sollte man den Kauf eines solchen, recht teuren Gerätes rechtfertigen, wenn man dann möglicherweise gar nichts damit anfangen kann? Dann lieh mir mal Freund Peter Rieker sein Altsaxophon und zeigte mir, wie man darauf spielt. Das klappte, ich suchte mir einen Lehrer, kaufte mir ein (Tenor-) Saxophon und nahm meine erste Stunde – mit 46. Das veränderte alles.

Haben denn die Erinnerungen an den unseligen Klavierunterricht keine abschreckende Wirkung gehabt?

Nein, denn der Unterricht verlief von Anfang an völlig anders. Es begann ganz ohne Notenlesen. Mein Lehrer Michael Schläper, ein Veteran der Gießener Jazz-Szene, spielte mir ein Thema von *Charlie Parker* vor, das ich natürlich kannte (es war *Buzzy*[7]), ich sollte es nachspielen und ein bißchen variieren. Dann kamen technische Übungen dazu, Atemübungen, Tonleitern. Das machte mir alles Spaß. Dann kam die Theorie. Das mag für viele abschreckend klingen, aber ich fand es ausgesprochen spannend. Ich wußte bis dahin soviel, daß es „Dur" und „Moll" gab und daß die unterschiedlich klangen (was immer „die" auch waren). Nun lernte ich, daß es weitere Tonarten gab: harmonisch Moll, melodisch Moll, Mixolydisch usw., und über deren Verwandtschaft, d. h. wie sie zusammenhingen, wie sie auseinander hervorgingen usw.

Können Sie ein Beispiel nennen?

---

[7] Charlie Parker: *Buzzy*
https://www.youtube.com/watch?v=l2onl9M2RCg

Wenn man auf den weißen Tasten des Klaviers von C an aufwärts spielt, hat man die C-Dur-Tonleiter. Da zwischen allen Tasten (also einschließlich der schwarzen) immer ein Halbton liegt, besteht grundsätzlich zwischen zwei weißen Tasten ein ganzer Ton Unterschied – außer zwischen E und F (beide weiß) und zwischen H und c (ebenfalls beide weiß). Anders ausgedrückt: Nach dem 3. und dem 7. Ton folgt ein Halbton-Intervall, die anderen sind Ganzton-Intervalle. Das ist das Geheimnis des Dur-Klanges! Wenn man aber, ebenfalls nur auf den weißen Tasten, bei A beginnt, liegen die Halbton-Intervalle nach dem 2. und dem 5. Ton - und schon klingt's wie Moll. Also sind C-Dur und A-Moll (genauer: *äolisch* Moll) innerlich verwandt!

Das Ganze funktioniert nun auf allen 12 Stufen, das heißt mit allen 12 Tasten (die schwarzen mitgerechnet) als Ausgangspunkt. Und alle anderen Tonarten entstehen aus unterschiedlichen Anordnungen der Ganz- und Halbton-Schritte (manchmal Anderthalbton-Schritte), einschließlich für den Jazz besonders typischer Tonarten wie Mixolydisch (Halbton-Schritte bei 3 und 6) und der Blues-Skala (nur 6 statt 8 Töne, z. B. in C: C - E^b - F - G^b - G - B - C). Aber auch der typische Flamenco-Klang hat seine Tonart (ähnlich äolisch Moll, aber zu Beginn ein Halbton-Schritt), und es gibt sogar ein „arabisch Moll" (ähnlich Flamenco, aber zwischen dem zweiten und dem dritten Ton ein Anderthalbton-Schritt).

Das nächste Lernziel umfaßte die Geheimnisse der Drei- und Vierklänge, also der Akkorde, und ihre Bezüge zu den Tonarten. Und schließlich die Abfolgen oder Sequenzen dieser Akkorde, auch Akkord-Wechsel, daher „Changes" genannt, die den Charakter eines bestimmten Stückes definieren. Doch davon später mehr. So hat man dann das Ton-„Material" zusammen, das als Grundlage für das Improvisieren genommen wird.

Klingt sehr kompliziert!

Es klingt komplizierter, als es tatsächlich ist, aber es stimmt: es ist schon eine ganze Menge musikalischen Materials, das man sich aneignen und über das man mehr oder weniger intuitiv verfügen können muß, um kreativ damit arbeiten zu können. Aber das für mich Entscheidende war, daß ich nun Schlüssel in der Hand hatte, die mir ein ganzes musikalisches Reich eröffneten. Oder um eine andere Metapher zu verwenden, die sich mir damals aufdrängte: ich kam mir vor wie ein Entdeckungsreisender, der mit grobgezeichneten Karten in der Hand und allerhand Werkzeugen in der Tasche einen neuen Kontinent betritt. Neu allerdings nur für mich, denn Zehntausende von Jazzmusikern hatten ihn natürlich längst für sich erschlossen. Aber das änderte nichts an der überwältigenden Erfahrung, die es für mich bedeutete.

Das bedeutete also, daß Sie sich – nach Jahrzehnten des Nur-Hörens – gewissermaßen practicando *den Jazz neu erschlossen haben. Bedeutete das dann auch, daß Sie selbst als Jazzer praktizierten?*

Zunächst nicht. Ich hätte es als Anmaßung empfunden, nun gleich Jazz spielen zu wollen, und eine solche Absicht hatte auch gar keine Rolle gespielt. Erst nach ein paar Jahren ergab sich – mehr oder weniger zufällig – die Möglichkeit, sich einem Amateur-Orchester anzuschließen, das im wesentlichen klassische Big Band-Musik spielte, originalgetreu *Glenn Miller, Harry James, Count Basie* und dergleichen – von den 30ern bis in die 50er Jahre – , aber auch Tanzmusik von *Bert Kämpfert* bis *James Last*. Das war, nach dem Einzelunterricht, die zweite Schule, und auch sie war höchst lehrreich.

Es fällt auf, daß die Band damals keinen Dirigenten hatte. War das Absicht?

Das ist tatsächlich Ausdruck der Struktur, obwohl ursprünglich nicht beabsichtigt. Die Musiker der *Gießener Bigband* – so hieß sie damals – fanden sich eines schönen Tages von ihrem Leiter verlassen, beschlossen aber, weiterzumachen, und gründeten eine Art Kooperative oder Genossenschaft, anders ausgedrückt einen gemeinnützigen Verein, da eine Big Band ohnehin nicht gewinnbringend zu unterhalten ist. Sie, oder ich sage jetzt besser: *wir* suchten uns einen Dirigenten, dem wir ein – bescheidenes – Honorar zahlten, und entwickelten eine Struktur, die das ganze trug: es mag kurios klingen und „typisch deutsch", aber einen Vorstand mit Schatzmeister, Notenwart usw. zu haben, erwies sich als sehr hilfreich, um in der freiflottierenden Musikerszene Kontinuität zu bewahren. Nach einigen Jahren trennten wir uns von unserem Dirigenten und verteilten seine Funktionen auf drei andere: der Schlagzeuger zählte ein, ein anderer machte die Ansagen und ein dritter übernahm die wichtigste Aufgabe, die musikalische Leitung der Proben. Und das funktionierte eine Zeitlang ganz gut. Aber später nahm die Band sich einen Dirigenten, also einen Experten, der die Band „von außen" hört und entsprechend mit ihr arbeitet. Aber das war schon nach meiner Zeit.

Dann wird die musikalische Entwicklung wohl auch weiter gegangen sein!

Das stimmt. Klassische Swing-Musik interessiert wohl mehr die sogenannte ältere Generation (noch älter als meine), und wenn sie auch nicht so leicht zu spielen ist, wie es scheinen mag, so sind doch „modernere" Formen des Jazz wesentlich interessanter, einschließlich zeitgenössischer Elemente wie lateinamerikanischer Rhythmen und einer komplexeren Harmonik. Entsprechend nannte das Orchester sich dann die *Giessener Jazz Big Band*.

Die Band, in der ich jetzt spiele, hat ein ähnliches genossenschaftliches Konzept. Sie nennt sich „The Openers" (was historische Gründe hat: so heißt der Titel, mit dem sie ihre Auftritte eröffnet) und bezeichnet sich scherzhaft als „Ham-

21

burgs lässigste Big Band" – man braucht schließlich ein „Alleinstellungsmerkmal"...

It don't mean a thing if it ain't got that swing
(Duke Ellington[8])

Offensichtlich spielt das musikalische Hobby eine große Rolle in Ihrem Leben!

Es widerstrebt mir, mein Verhältnis zum Jazz als Hobby zu betrachten, als Steckenpferd wie Briefmarkensammeln oder Rosenzüchten. Und ich denke, es geht dabei auch um mehr als um einen bestimmten musikalischen Geschmack. Es mag etwas hochgestochen klingen, aber für mich ist der Jazz ein wesentlicher Bestandteil meiner ästhetischen oder kulturellen „Identität", vergleichbar anderen Facetten der Kultur, denen ich mich verbunden fühle, z. B. bestimmten Elementen der Literatur oder der Politik, aber durch den emotionalen (vermutlich den erwähnten psychophysischen) Bezug noch tiefgreifender als jene. Wenn ich versuche, dem philosophischen Begriff der Lebenswelt, der „gelebten Welt" für mich selbst einen Sinn zu geben, dann nimmt der Jazz darin einen hervorragenden Platz ein.

Wie kann denn eine Musik, die letztlich auf die Erfahrungen von Sklaven in einer anderen Zeit, in einem anderen Kulturkreis zurückgeht, eine so zentrale Bedeutung im Lebensentwurf eines Mitteleuropäers im ausgehenden Zwanzigsten Jahrhundert haben?

Gute Frage. Die Antwort ist, daß die Entwicklung von musikalischen Vorlieben bzw. Identifikationen sich nicht zwangsläu-

---

[8] Duke Ellington & Ella Fitzgerald: *It don't mean a thing* (1961)
https://www.youtube.com/watch?v=kxfMRhyzu3g

fig aus der sozialen Lage herleitet. Viele Afro-Amerikaner, vermutlich die meisten, haben mit Jazz nichts im Sinn, d. h. als Schwarzer in den USA ist man keineswegs automatisch ein Jazzanhänger. Und bei uns interessiert man sich ja auch nicht zwangsläufig für die sogenannte Klassische Musik. Auf der anderen Seite ist die *Entstehung* des Jazz natürlich zu Recht auch soziologisch interpretiert worden. Meiner Meinung nach ist der Jazz der einzige originäre Beitrag der Weltmacht Amerika, genauer: der Vereinigten Staaten, zur Weltkultur. Ich betrachte ihn als ein wirkliches Geschenk, das Amerika (tatsächlich natürlich primär seine schwarze Bevölkerung) der übrigen Welt gemacht hat. Aber der einzelne, und darum geht's ja hier, muß so ein Geschenk auch selbst annehmen. Es drängt sich nicht auf, wie der Hollywood-Film oder heute vielleicht die Popmusik. Ich glaube, daß man sich in gewisser Weise *entscheidet*, zum Jazzer zu werden.

Wie weit spielen denn tatsächlich bewußte Entscheidungen eine Rolle? Ist der Weg zur Gestaltung der individuellen Lebenswelt nicht weitgehend „prä-reflexiv"?

Es gibt sicher Einwirkungen vor dem Zeitpunkt der Bewußtwerdung. Man muß wohl zunächst einmal der Musik selbst ausgesetzt sein, vielleicht über den Einfluß von „Sozialisationsagenten", von Freunden, Lehrern, auch Eltern. Zuweilen mag auch das oft beschworene „Lebensgefühl" einer Generation wirksam sein. Aber ich glaube, daß das nicht ausreicht. Man „entscheidet sich" irgendwann, ob etwas eine Episode bleibt oder als etwas zur Identität gehörendes bestimmt wird, in den Identitätsumfang integriert wird. Die Existentialisten würden sagen (oder hätten gesagt): man „entwirft sich", ein Konstruktivist würde sagen: man „konstruiert sich". Ich habe mich irgendwann – vor langer Zeit – als „Jazzer" (um nicht zu sagen: *Jatzer*, wie die „Insider" in unserem Land sagten) konstruiert.

Aber doch wohl nicht ausschließlich!

Nein, man definiert sich ja meist nicht ausschließlich über einen einzigen Bereich. (Obwohl manche Menschen sich vollständig über das Briefmarkensammeln oder über St. Pauli zu definieren scheinen). Sie hätten mich auch zu anderen Bereichen interviewen können, die ich als zu meiner Identität gehörig empfinde, z. B. „wie sind Sie eigentlich politisch geworden?". Dann hätte ich vielleicht erzählt, wie ich 1953 in meiner Schulklasse eine Umfrage zur damals bevorstehenden Bundestagswahl veranstaltet habe, und hätte weitere Stationen in meinem Leben benennen können... Und auch nicht alle in Hamburg geborenen verstehen sich so eindeutig als „Hamburger" wie z. B. ich; auch das muß man sich erst erschließen.

Mir fällt auf, daß sich das Selbstverständnis oft an Episoden, Ereignissen, Geschichten festmacht.

Das liegt vermutlich einerseits an der Eingangsfrage. Aber andererseits denke ich, daß die Selbst-Konstruktion, die man Identitätsentwicklung nennt, sich aus Ereignissen und deren Wiederholungen, und damit aus Erfahrungen und den Bedeutungen, die man ihnen zumißt, herleitet. Insofern liegt es nahe, daß der Versuch ihrer Beschreibung dann den Charakter von Geschichten annimmt. In der Tat hat ein konstruktivistischer Psychologe, *Miller Mair*, den Begriff von „Psychology as story-telling" entwickelt. Das gefällt mir gut, denn es umfaßt das Prozeßhafte ebenso wie das Konstruierende, also Gestaltende an der Identitäts-„Findung".

Wir sind nun von einer Jazz-Platte im Jahre 1957 zum Begriff der Identität gelangt. Könnten Sie abschließend einen Rat geben, wie jemand eine Identität als Jazzer entwickeln kann?

Man braucht wohl irgendeine Art von Anregung. Aber dann gibt es vor allem drei Dinge zu tun: 1. Jazz hören, 2. Jazz hören, 3. Jazz hören (Entschuldigung, der Scherz ist natürlich nicht von mir). Und wenn man dann eines Tages feststellt, daß man von „Jatz" spricht, dann hat man's geschafft. Denn wir

„Jatzer" sprechen das Wort merkwürdigerweise meistens so aus und nicht englisch. Und daran erkennen wir uns.

Coda

Karl-Heinrich Lackmann, der bald nach jenen Jugendjahren nach Australien ausgewandert ist, wo ich ihm nach 35 Jahren wiederbegegnet bin, ist übrigens heute noch Jazzer. Aber wie *er* eigentlich zum Jazz gekommen ist, das habe ich ihn nie gefragt... Fünfzig Jahre später hat er mir's erzählt: ein Freund seiner Schwester hatte ihm Platten geliehen. Ganz einfach.

II

JAZZ-GESCHICHTEN

Der Hörplatz

Also, das muß 1958 gewesen sein, im letzten Jahr vor dem Abi. Da machte ich mit einem Freund 'ne Radtour nach Hamburg, über Oldenburg, Bremerhaven, Cuxhaven, Stade, na die Elbe aufwärts eben. Mit Übernachtung in Jugendherbergen. In Hamburg war das allerdings ein Problem, denn in den River-Kasematten fing Abbi Hübner mit seinen *Low Down Wizards* so spät an, daß wir hinterher nicht mehr in die Jugendherberge 'reinkamen. Die machten damals ja schon um zehn zu. Aber in den Anlagen beim Bismarckdenkmal war's warm genug, und daß es gefährlich sein könnte, kam uns nicht in den Sinn. Wir hatten damals den Dixieland schon beinahe hinter uns gelassen, und als wir am nächsten Tag ein Plakat sahen, auf dem ein Konzert des *Oscar Peterson* Trios in der Musikhalle am Karl-Muck-Platz angekündigt war, sahen wir uns schon wieder ohne Nachtlager – die Gepäcktaschen hatten wir am Dammtorbahnhof in ein Schließfach gestellt. Ein weiteres Problem war die Kleiderfrage. Damals ging man noch mit Schlips und Kragen ins Jazzkonzert, wenn's in 'ner Konzerthalle war. Schlips hatten wir nicht mit, aber 'n helles Sporthemd tat's auch, zumal wir uns sowieso nur Karten für den 5. Rang leisten konnten. Da oben, auf dem Olymp, wie man so sagte, kam's nicht so darauf an. Dummerweise saßen wir dann allerdings hinter 'ner Säule – ein „Hörplatz" eben.

Das hatte aber auch sein Gutes, in mehrerlei Hinsicht, wie sich herausstellen sollte. Zum einen konnte ich mich besser auf die Musik konzentrieren. Zum anderen konnte ich mir das übrige Publikum in Ruhe ansehen. Doch zunächst zur Musik. Oscar hatte ja damals keinen Schlagzeuger, dafür *Herb Ellis* an der Gitarre. Umso besser konnte man dafür den Bass hören. Und das war dann die Offenbarung. Ich weiß: *Pettiford, Paul Chambers, Mingus, Ron Carter, Richard Davis*, alle nicht schlecht, aber für mich gab's und gibt es nur den einen: *Ray Brown*. Und seitdem habe ich davon geträumt, eines Tages mal selber die „strings zu plucken". In der Pause habe ich dann

27

irgendwie den Weg hinter die Bühne gefunden, und da war er dann, wickelte sich gerade 'n neues Pflaster um den Zeigefinger. Sieh an, dachte ich, die also auch. Ich mußte dann ja noch was sagen, um nicht in Ehrfurcht zu erstarren, und so sagte ich denn, wie toll ich die Musik fand (war natürlich albern), und daß sie meines Erachtens einen Schlagzeuger bräuchten (schließlich hockte ich damals selbst hinter 'ner Schießbude). Und er war nett, sagte, *"that's what I keep saying but Oscar thinks he can't afford a drummer"*. Schrieb mir dann auch bereitwillig sein Autogramm in mein Programmheft (so was gab's ja damals noch). Als ich wieder zu meinem Hörplatz kam, sah ich „jenseits des Ganges" ein Mädchen, blaß und blond, und da hatte ich dann meine zweite Offenbarung. Und das Nachtlager war auch gesichert, denn mein Kumpel und ich durften bei ihr im Garten im Geräteschuppen pennen. Sonst ist nichts passiert, ehrlich!

Die Musikhalle (1908), seit 2005 Laeiszhalle in Hamburg

Es hat dann noch zwei Jahre gedauert, bis wir uns wieder sahen, und wo? Es ist kaum zu glauben, aber es war wieder in der Musikhalle, wieder bei einem Peterson-Konzert. Inzwischen hatten wir uns bis zum dritten Rang vor- bzw. 'runtergearbeitet. Das erste, was sie sagte, war: „Und was ist nun mit dem Baß?" Ich druckste ein bißchen 'rum. Zu teuer. Und mit dem Schlagzeug hatte ich auch aufgehört, keine Zeit, nicht genug Talent – nachdem ich *Charlie Antolini* gehört hatte... Aber das Konzert war eine Überraschung: kein *Herb Ellis* mehr, dafür Ed Thigpen – am Schlagzeug!

Dreißig Jahre später. Zur silbernen Hochzeit hatten wir uns gegenseitig eine Kreuzfahrt auf dem Mittelmeer geschenkt. Aber es war natürlich keine gewöhnliche Kreuzfahrt. Sondern ein „Jazz Cruise". Ab Venedig, einmal rund um Zypern und wieder zurück. Wir rechneten natürlich vor allem mit den Senioren aus der Swingzeit, die statt immer nur Karibik mal ein bißchen Mittelmehr genießen wollen. Aber die Jazz-Senioren sind mittlerweile ja schon die Bebop- und Hardbop-Veteranen, und so waren *Clark Terry*, *Curtis Fuller*, *Jimmy Woode* und – guess who? – *Ed Thigpen* dabei. Aber auch jede Menge junge Garde, zum Beispiel ein Altist, der aussah wie *Forrest Whitaker* als *Charlie Parker* und auch so spielte, außerdem Eurojazzer wie *Dado Moroni* und „Lady Bass" *Lindi Huppertsberg*. Aber wer beschreibt unser Erstaunen, als das Programm eine handschriftliche Ergänzung aufwies: *Milt Hinton* war durchgestrichen, stattdessen: "last minute replacement: *Ray Brown*".
RAY BROWN! Und wie es auf einer Kreuzfahrt so ist: Man hat viel Zeit, die Musiker auch, der Raum ist begrenzt, und man läuft sich dauernd über den Weg oder trifft sich an der Bar. Aber an die Musikhalle 1958 erinnerte er sich nicht mehr... In dem lockeren Geplauder kamen wir dann irgendwie auf Südamerika-Tourneen zu sprechen: seine musikalischen und meine Vortragsreisen. Und stell dir vor, er interessiert sich auch für präkolumbische Kultur! Hatte ja schließlich in seiner Ahnenreihe auch was Indianisches. Und das war der Beginn einer wunderbaren Freundschaft – na, das wäre übertrieben,

aber wir tauschten immerhin Adressen aus, „und wenn du mal nach New York kommst…"

Kam ich aber nicht, und das letzte, was ich von ihm oder besser über ihn hörte beziehungsweise las, war der Nachruf im Jazz-Podium. Es war dann aber doch nicht das letzte: etwa sechs Wochen später kam ein würfelförmiges Päckchen, ordnungsgemäß zollamtlich abgefertigt, mit dem spezifischen Gewicht gebrannter Keramik – die Verpackung abgerechnet. Ein Brief war nicht dabei, aber ein kleiner Zettel, auf dem in RBs unverkennbarer Handschrift stand: *take care!* Wir wußten aber nicht, ob wir auf uns selbst acht geben sollten oder auf die kleine Figur (Colima-Kultur, 200 v. Chr.-300 n. Chr., Höhe: 24 cm, Westmexiko, Maya), an deren Arm der Zettel befestigt war.

Crescent City Serenade

Platt ist das Schwemmland von Akadien, soweit das Auge reicht. Riesige Bäume stehen wie auf Stelzen im flachen Wasser der Bayous, die der Highway aufgeständert überquert. Fleißig waren die franko-kanadischen Emigranten hier im 18. Jahrhundert: Wiesen und Weiden, Reisfelder und Zuckerrohrplantagen bis an den Horizont. Dort allerdings läßt das 21. Jahrhundert grüßen, mit der silbrig glänzenden Skyline der Petrochemie. Doch die Zeichen unserer Zeit sind unübersehbar in Gestalt der typischen amerikanischen Kleinst-Stadt.

Nehmen wir St. Martinsville: breite Durchfahrtsstraße, anglikanische Kirche, katholische Kirche, klassizistisches Palais, nein, es ist das Postamt, die Chicken- und Burger-Schuppen, der den Stadtkern umlagernde Ring einstöckiger Bungalows, die gepflegten Rasen davor, die Stars-and-Stripes-Masten darauf, jetzt nach dem Golfkrieg noch mehr als sonst, die Kreuzungen mit vier Stop-Schildern – und da steht noch ein Schild: *Saxophone For Sale*. Wir sind schon dran vorbei, überlegen unschlüssig, aber dann kehren wir doch um. Es steht nur eine Telefonnummer drauf, aber wir fragen uns durch und gelangen in die locker von riesigen schattenspendenden Laubbäumen bestandenen Außenbezirke, die wie überall hier durch niedrige Holzhäuser, man kann auch sagen, Hütten geprägt sind. Auf den überdachten bodennahen Veranden stehen Schaukelstühle, in denen alte Menschen mit Strohhüten sitzen, viele Kinder jeden Alters spielen um sie herum, alle schwarz – es ist wirklich so wie auf den Bildern aus dem Alten Süden, nur die langen alten Autos in schlechtem Zustand davor und natürlich die Fernsehantennen wirken auf der Höhe der Zeit.

Wir werden schließlich an einen gedrungenen, schwergewichtigen, tiefschwarzen Mann verwiesen, der trotz der schwülen Hitze eine hell-beige Baskenmütze trägt. Wir nennen Namen und Begehr, und er stellt sich in bedächtiger Sprechweise vor: The name is Vincent, Jay Vincent. Dann holt er das Sax. Es glänzt nicht wie Messing, sondern silbern; hat eine merk-

31

würdige Größe: kleiner als ein Tenor, größer als ein Alt. Da kann es doch eigentlich nur ein C-melody sein, das wie ein Klavier in C gestimmt ist, nicht wie mein Tenor in B oder Peters Alt in Es. Mr. Vincent bestätigt anerkennend unsere Vermutung; nur ist das nicht das, was wir suchen. Anstandshalber fragen wir nach dem Preis. 400 bucks! Das ist ja nun ziemlich viel Geld für ein offensichtlich altes Stück. Andererseits muß man in Ibrahimoglus Hamburger Professional Music Shop für das billigste Yamaha-Tenor auch schon zwei-drei hinblättern, für ein Selmer Super Action II schon drei-sechs, und ein dreißig Jahre altes Selmer Mark VI ist unter Musikern nicht unter vier Mille zu haben. Jay Vincent sieht, daß wir unentschlossen sind, und wird nun auch ganz eifrig. Das sei ein „collector's item, about 1920". Made by Carl Fischer, New York, Serien-Nummer 62026, wie die Gravur zeige. Und er wisse positiv, daß Bud Freeman dies Horn geschwungen hätte, und der sei immerhin einer der wenigen weißen Saxophonisten der alten Generation gewesen, die was drauf hatten. Zwar konnten wir die Kanne nicht ausprobieren, denn sie hatte kein Mundstück, und Mr. Vincent hatte seins nicht da, aber das sei ja ohnehin „a personal affair" und im übrigen paßte jedes Tenormundstück drauf. Die Klappenpolster waren in gutem Zustand, offenbar kürzlich erneuert, und so berieten wir uns kurz des Sinnes, daß 400 Dollar bei einem Tageskurs von 1,80 ja nicht die Welt seien, Jay Vincent und die Seinen das Geld sicher dringend brauchten und Handeln einfach unangebracht war – wie waren hier schließlich unter Jazzern und nicht auf dem Basar! Also abgemacht, und er nahm auch Traveller Cheques.

Aber nun wollen wir noch wissen, wie er zu dem guten Stück gekommen war, wo sonst kein Mensch sowas spielt. Well, da muß er weiter ausholen – wir müssen erstmal Platz nehmen, und es gibt Miller Light in Dosen aus dem ziemlich lauten Kühlschrank, den man bis auf die Veranda hört, denn hier spielt sich das Ganze ab, und ungefähr zwei Dutzend Kinder sind Zeugen. – Also, ihr müßt wissen, daß ich nicht mein ganzes Leben hier in diesem Sumpfloch verbracht habe. War in meinen jungen Tagen viel mit Rhythm'n'Blues Combos unterwegs. Spielte bei Hound Dog Taylor und Big Mama Thornton und so weiter, aber auch bei Typen, die keiner mehr kennt, meist aus N'Awlins. Machten aber keinen Dixie *bull-shit*, sondern Bebop und Jive mit *plenty o' soul*. Mein Held war natürlich Charlie Yardbird Parker. Tourten den ganzen Süden, you know, den TOBA Circuit, was wir mit *Tough On Black Artists* übersetzten, obwohl's offiziell *Theatre Owners Booking Association* heißt. Waren *on the road* von KC, M'ssouri, bis Charleston, South Calinah. Waren *hard times* damals in den Fünfzigern, und eines Tages wurde unser alter Buick aufgebrochen, als wir gerade *soul food* einwarfen, und geklaut wurde natürlich nicht der Baß und das Schlagzeug, sondern Buck Cheathams Trompete und mein Horn. Glücklicherweise waren wir am nächsten Tag in Wilmington, Nawth Calinah, denn dort hat der Herrgott einen Pfandleiher namens Charles Finkelstein & Sons Incorporated hingesetzt, der nicht nur mit *diamonds* und anderer *jewelry* handelte, sondern auch mit alten Musikinstrumenten.

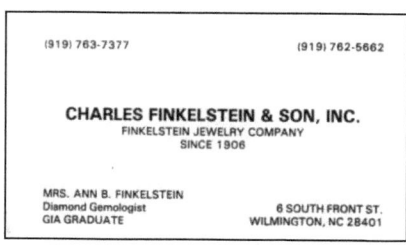

Das meiste war *rubbish*, aber nicht dies gute alte C-melody, das ihr jetzt in Händen haltet. Ehrlich gesagt, war es damals etwas billiger, aber das waren ja auch andere Zeiten. Jedenfalls hat es mir gute Dienste geleistet, bis ich mir wieder ein Mark VI leisten konnte. Und auch danach, als ich es mir nicht mehr leisten konnte. Aber jetzt gibt es ein neues Alt und einen neuen Job im Big Easy, und wenn ihr mal in die Crescent City kommt, werdet ihr mich schon finden. – Dann gab es für alle noch eine Runde schrecklich süßen *Southern Comfort*, und wir waren wieder *on the road*.

Aber als wir dann nach New Orleans kamen, suchten wir vergeblich in allen Lokalen im French Quarter oder dem *Vieux Carré,* wie sie hier mit Betonung sagen, dem alten Stadtkern mit seinen zweistöckigen Mansions, den grazil-schmiede-eisernen Balkons und den nur tagsüber beschaulichen Winkeln. Und Kneipen aller Preisklassen gibt es nicht wenige in der Bourbon Street und ihren Nebenstraßen. Und wenn sich auch mehr fette, weiße Touristen als dunkle, schlanke Einheimische durch die bis in den Morgen belebten Straßen wälzen, die doch sehr an Frankfurts Alt-Sachsenhausen, die Drosselgasse in Rüsselsheim oder die Heidelberger Hauptstraße erinnern, so ist die Musik aller, im Wortsinne, Spielarten, von Cajun über Altmänner-Dixieland, Blues, Soul, Funk, Rock und, doch-doch, auch modernen Jazz den Trubel wert.

Jay Vincent in New Orleans

Unseren Freund sahen wir erst am nächsten Morgen. Aus einem Restaurant am palmengesäumten Jackson Square, unweit des Ol' Man River, hörten wir schon von weitem ein traumhaft schönes Alt im reinsten Charlie Parker-Sound. Für die wenigen Gäste, die in dem überdachten Straßencafé auf nachempfundenen Thonet-Stühlen an schwarzbeinigen weißen Marmortischen saßen und zu Café-au-Lait weißgepuderte Original French Beignets im Dreierpack vertilgten, spielte, begleitet von einem riesigen Ghettoblaster auf brusthohem Verstärker:

> THE DUKE.
>
> JAY VINCENT.
>
> ALL TIPS APPRECIATED.

Sandy Conways Geheimnis

Man könnte glauben, Essen wäre ein unanständiges, verrufenes, verpöntes Tun – wenn man ein gewöhnliches Speiserestaurant an einem beliebigen Orte der Vereinigten Staaten von Nordamerika betritt und Mühe hat, sich in der auch am hellichten Tage abgedunkelten, von Kerzenlicht erleuchteten, von schemenhaften Gestalten bevölkerten Szenerie zu orientieren. Gut, daß dann bald jemand kommt und dich, fast wörtlich, an die Hand nimmt, um dich sicher an einen freien Tisch zu geleiten. Vielleicht ist es aber auch nur die Lust an der Inszenierung einer nur scheinbar heiklen Prozedur.

Das dachten wir, als wir eines Abends am Stadtrand von Charleston im Staate South Carolina unser Motel gefunden hatten. Wie viele seinesgleichen lag es inmitten eines ausdehnten Shopping Center, aber es hatte außerdem noch ein – italienisches – Restaurant und eine Lounge. Hunger hatten wir nicht, aber nach einem Bier stand uns der Sinn, und so betraten wir die Bar, die sich pompös SAVANN-AH LOUNGE nannte. Sie lag ebenerdig gleich neben der Rezeption, aber wir fühlten uns sogleich wie tief unter dem Fußboden, als uns zum Schneiden dicke Luft voller Zigarettenrauch und Bierdunst umfing. Dabei war der Raum gar nicht voll, wie sich zeigte, als wir uns an das Dämmerlicht gewöhnt hatten. Ein paar Typen hingen an der Bar, einige saßen an Tischen. Der hintere Raum war leer. Und dann hörten wir die Musik. Eine rauchige Stimme kam aus einer Ecke. Wir erkannten eine Frau auf einem kleinen Podium, aber sonst niemanden. Dann sahen wir die Boxen, den Ghettoblaster und das Regal mit den Kassetten, und eine kleine schwarze Tafel an der Wand verriet mit mehrfarbig fluoreszierender Schrift:

SAVANN-AH
presents
Tonite
SANDY CONWAY

Sandy Conway war Mitte vierzig, klein, blaß, hatte eine hellbraune, wallende Mähne, trug einen engen kurzen Rock und einen weiten langen Pullover, hohe Absätze, allerlei Reifen und Ringe um die Handgelenke – und sang. Sie sang gar nicht schlecht, hauptsächlich aus dem „Great American Songbook": Frankie „Ole Blue Eyes" Sinatra, Tony Bennett, Dionne Warwick, Stevie Wonder und manches andere für den gehobenen, etwas konservativen Geschmack einer älteren Generation. Und man konnte sogar meinen, daß sie auch in besseren Läden hätte Erfolg haben können. „Auch" war allerdings gut, denn hier hörte ihr kaum einer zu. Die meisten Leute, die an der Bar saßen, zogen es vor, sich miteinander zu unterhalten – wenn man die grölenden Scherze der einzelnen Zecher oder die teils heftigen, teils gelangweilten Dialoge der nicht mehr ganz jungen Paare als Unterhaltung bezeichnen wollte. Nun, wir fanden jedenfalls wieder einmal unser Vorurteil bestätigt, daß der amerikanische Kleinbürger den schönen Schein des Verruchten liebt, solange er in Ruhe sein Leichtbier trinken kann. Und Sandy Conway war vermutlich eine gute Hausfrau, die, indem sie einem Jugendtraum nachhing, gleichzeitig ihre Langeweile bekämpfte und noch ein paar Bucks zum schmalen Gehalt ihres bei einer Versicherung angestellten Ehegatten dazuverdiente.

Punkt elf war Schluß, die Gäste tranken ihre Gläser leer und verließen ohne Murren die Lounge, um nachhause zu fahren oder in ihren Zimmern noch ein bißchen die Fernbedienung zu malträtieren. Nur wir, als Ausländer, durften die Sperrstunde ein wenig überschreiten und bekamen noch einen „King of Beers" serviert. Und so erfuhren wir Emily Kotchevsky's Geheimnis. Sandy setzte sich nämlich ebenfalls an die Bar und genehmigte sich einen Manhattan, „den ersten heute Abend". Wir wollten etwas Nettes sagen und fragten, wieso sie mit einer solchen Stimme hier in einer Motel-Lounge sänge, wo sie doch – und sie sagte, wir sollten nicht glauben, sie hätte immer in diesem Schuppen gesungen. In der Tat hätte sie mal anders angefangen, wie, wollte sie nicht erläutern, hätte dann ihren Weg über Charleston, Savannah, Atlanta und Baltimore gemacht, bis nach Atlantic City, New Jersey! „And believe me, I payed my dues!" Dann sei aber etwas geschehen, was nicht passieren dürfe, wenn man aus Conway, South Carolina, stamme und hoch hinaus wolle, jedenfalls damals nicht. Aber sie hätte es eben so gewollt und sei dann eben nicht hoch hinaus gekommen. Und es sei doch auch wieder nicht schlecht, vormittags ein ehrlicher Job in der Stadtbibliothek und abends ein bißchen singen wie in den alten Zeiten! Dem konnten wir nicht widersprechen.

Um halb zwölf öffnete sich die Tür, ein junger, ziemlich hellhäutiger Schwarzer kam herein, sagte „hi, mom" und begann, die Anlage auf dem Podium abzubauen. Wir aber sagten, „have a nice evening", zahlten und gingen hinaus in die feuchtwarme Sommernacht, um noch einen Rundgang durch das nur noch schwach besuchte Einkaufszentrum zu machen, bevor auch wir uns noch ein wenig den Kabel-Kanälen zuwandten.

Moanin'

Wenn in Harlem das Evangelium verkündet wird, dann haben sich Pastor und Gemeinde noch etwas zu sagen. Der erstere *calls*, die letztere *responds*. Der Prediger singt: *Ev'ry mornin' finds me moanin'* – und die Gemeinde antwortet vielstimmig-gewaltig: *Yes, Lord!* Und diese Worte singt *Jon Hendricks* nach der Melodie des Intros von *Bobby Timmons'* Stück *Moanin'* – und *Dave Lambert* und *Annie Ross* antworten.[9]

Deshalb engagierte ein unbekannter Jazzliebhaber zur Feier seiner Silbernen Hochzeit, als er sich das endlich leisten konn-te, die Orchester von *Benny Goodman, Buddy Rich, Count Basie, Dizzy Gillespie, Duke Ellington, Harry James, Lionel Hampton, Stan Kenton, Thad Jones & Mel Lewis, Toshiko Akiyoshi* und *Woody Herman*, bat die Musiker, an einer be-stimmten Stelle des Grand Canyon, wo dieser eine Art Halb-kreis bildet, an dessen Rand Aufstellung zu nehmen, und nahm mit seiner Flöte auf der gegenüberliegenden Seite im Schnei-dersitz Platz. Dann spielte er die ersten zwei Takte von *Bobby Timmons' Moanin'* – acht zarte Flötentöne –

ev'ry mornin' finds me moanin' –

und zweihundert Musiker antworteten mit zwei Akkorden

YES - LORD!

daß es noch in *Phoenix, Arizona*, in *Santa Fé, New Mexico*, in *Las Vegas, Nevada*, in *Salt Lake City, Utah*, und in *Denver, Colorado*, zu hören war, die Rocky Mountains erbebten und allüberall die *walls came tumblin' down*.

Und wenn *ich* meine ersten zehn Millionen gemacht habe – an der Wallstreet kein Problem – dann lade ich alle großen

---

[9] Lambert-Hendricks-Ross: *Moanin'*
https://www.youtube.com/watch?v=ldXi8bs6PSw

Musiker ein, die ich in den letzten sechzig Jahren mit eigenen Ohren gehört und mit eigenen Augen gesehen habe, und bitte sie, rund um die Binnenalster in der Freien und Hansestadt Hamburg auf der Ufermauer Platz zu nehmen – für die, die nicht mehr unter uns weilen, werde ich da oben einen Kurzurlaub erwirken –, und dann sitze ich auf der Lombardsbrücke und spiele auf meinem Tenor:

$$g - g - b - b - g - d - f - g$$

und dann antworten

– *auf ihren Kannen* Archie Shepp, Ben Webster†, Bob Berg†, Booker Ervin†, Bud Shank†, Charlie Rouse†, Chico Freeman, Coleman Hawkins†, Craig Handy, David Sanchez, Dexter Gordon†, Don Byas†, Eddie Lockjaw Davis†, Emil Mangelsdorff, Frank Foster†, Frank Wright†, George Adams†, George Coleman, Gerry Mulligan†, Greg Osby, Harry Carney†, Henry Threadgill, Houston Person, Illinois Jacquet†, James Moody†, James Spaulding, Jan Garbarek, Jesse Davis, Jimmy Giuffre†, Joe Henderson†, John Stubblefield, Johnny Griffin†, Johnny Hodges†, Junior Cook†, Lee Konitz, Marion Brown†, Nathan Davis†, Odeon Pope, Ornette Coleman†, Pat LaBarbera, Paul Gonsalves†, Pepper Adams†, Ravi Coltrane, Richard Howell, Ricky Ford, Roland Kirk†, Ron Blake, Ronnie Cuber, Sam Rivers†, Sonny Fortune†, Sonny Rollins, Wayne Shorter, Yusef Lateef† und Zoot Sims†,

 – *und es erheben ihre Tuten gen Himmel* Bill Hardman†, Cat Anderson†, Cecil Bridgewater, Clark Terry†, Cootie Williams†, Dizzy Gillespie†, Freddie Hubbard†, Henry Red Allen†, Ingrid Jensen, Jack Walrath, James Morrison, Marvin „Hannibal" Peterson, Nicholas Payton, Roy Eldridge†, Terrell Stafford und Woody Shaw†.

 – *und den Posaunisten von Jericho tun es gleich* Albert Mangelsdorff†, Frank Lacy, Grachan Moncur, Jay Jay Johnson†, Kay Winding†, Kid Ory†, Lawrence Brown†, Quentin Jackson†, Ray Anderson und Sarah Morrow.

– *kaum hört man die Geigen von* Ray Nance† und Stuff Smith†,

– *und die Sechs Saiten von* Freddie Greene†, George Benson, Herb Ellis†, Monette Sudler und Terje Rypdal,

– *aber umso mehr die Schießbuden* von Albert Heath, Alphonse Mouzon, Art Blakey†, Brian Blade, Charles Moffett†, Charli Persip†, Cindy Blackman, Connie Kaye†, Elvin Jones†, Gus Johnson†, Jimmy Cobb†, Kenny Clarke†, Lenny White, Louis Hayes, Max Roach†, Mel Lewis†, Ronnie Burrage und Shelley Manne†.

– *und die Baßfiedeln von* Charlie Mingus†, Dave Holland, David Izenzon, Jimmy Woode†, George Tucker†, Oscar Pettiford†, Percy Heath†, Ray Brown†, Ray Drummond, Richard Davis, Ron Carter, Sam Jones† und Steve Swallow.

– *und es klöppeln* Bobby Hutcherson†, Lionel Hampton† und Milt Jackson†,

– *und* natürlich *auf der Hammond B3* Jimmy Smith†,

– *und es streicheln das Elfenbein* Abdullah Ibrahim, Bill Evans†, Cedar Walton†, Cecil Taylor†, Don Pullen, Earl Hines†, Eddie Palmieri, Friedrich Gulda†, George Cables, Herbie Hancock, Hilton Ruiz, Jaki Byard†, John Hicks, John Lewis†, Kenny Drew†, Mal Waldron†, Phineas Newborn†, Oscar Peterson†, Red Garland†, Roland Hanna†, Ronnie Matthews, Tete Montoliu†, Thelonious Monk† und Tommy Flanagan†.

Aber sie spielen nicht einfach zwei Septakkorde, sondern die komplexesten, phantastischsten, überwältigendsten, genialsten zwei Akkorde, die je ein Freak gehört hat, aber sie sind ja auch gestrickt und gewoben und gebauscht und geschichtet von Carla Bley, Count Basie†, Duke Ellington†, Gil Evans†, Lionel Hampton†, Maria Schneider, Pierre Dørge und Thad Jones†.

Dann herrscht Stille. Und dann singt, auf meiner Seite, ganz-ganz-ganz leise und nur ein ganz-ganz-ganz kleines bißchen heiser, Tina Turner:

ev'ry mornin' finds me moanin' –

41

Und es antworten B. B. King†, Carla Thomas, Dakota Staton†, Dianne Reeves, Ella Fitzgerald†, Howlin' Wolf†, Janice Siegel, Joe Tex†, John Henry Barbee†, Lightning Hopkins†, Ray Charles†, Ruby Wilson†, Sleepy John Estes†, Sonny Boy Williamson† und Sunnyland Slim†:

YES - LORD!

Dann läuten die Glocken der fünf Hauptkirchen St. Jacobi, St. Katharinen, St. Michaelis, St. Nikolai und St. Petri. Und dann gehen wir alle nach Hause und gedenken derer, die nur im Geiste dabei waren.

The Apple

Eine Jazz-Woche in New York, im Juli 1997

„The Big Apple" heißt New York spätestens seit den Dreißiger Jahren, oft verkürzt zu „The Apple". Für den Ursprung dieser Bezeichnung gibt es, wie immer bei solchen Namen, mehrere Theorien. Meistens haben sie mit Musik zu tun. Eine Woche in New York, und jeden Abend Jazz – das hatte ich mir schon immer mal gewünscht. Jetzt war es möglich, auf dem Rückweg von einem Kongreß in Seattle.

Intro

Folks I´ve just been down, down in Memphis town, so fängt *Louis Armstrongs* Aufnahme von W. C. *Handy´s Memphis Blues*[10] an. So auch ich, weil mir mein Freund Bob N. zeigen wollte, daß sein Memphis nicht nur aus Suburbia und meilenlangen Shopping Centers besteht. Aber die berühmte *Beale Street*[11] in Downtown Memphis ist da, wo die Clubs sind, auch nur drei Blocks lang.

Einmal rauf und runter, und wir entschieden uns für *B. B. Kings´s Club*: dort sang, bei 5 $ cover charge (= Eintritt), *Ruby Wilson*[12], eine füllige Blues-Mama („The Queen of Beale Street"), klassischen Rhythm & Blues, begleitet von einer (für

---

[10] Louis Armstrong: *Memphis Blues* (LP *Louis Armstrong plays W. C. Handy*, 1954)
https://www.youtube.com/watch?v=aNs112SVlMU&pp=QADQAwE%3D

[11] Jelly Roll Morton and his Red Hot Peppers: *Beale Street Blues* (1927)
https://www.youtube.com/watch?v=gMNZI_G1c9w&list=TLPQMjkwOTIwMjABUcAcBvAZmw&index=3

[12] Ruby Wilson: *Let the goodttimes roll* (2005)
https://www.youtube.com/watch?v=bnORGzat9Qs

mich) namenlosen Band aus tp, ts, g, d, kb, el-b (aller außer dem Trompeter schwarz, wie auch die Innen-Einrichtung). Wie die meisten Clubs war es kein Keller, sondern ebenerdig, und man konnte durch große Glasfenster in das schwach beleuchtete Innere sehen. Das Publikum überwiegend weiß, einige sahen aus, als wenn sie eher nach der zweiten Großstadt von Tennessee gehörten: der Country-Metropole Nashville.

Freund Bob N. mit aufblasbarem Plastik-Saxophon
im *Stax*-Musem in Memphis (mit Kollegin Sara B.) (2004)

Einen Besuch in *Elvis'* Mausoleum *Graceland* schenkte ich mir, obwohl oder gerade weil die Massen seiner Fans dieses Jahr seinen 20jährigen Todestag begehen.

New York

Ich hatte mir zwar im Internet eine Liste mit 84 Clubs besorgt, aber keine Zeit mehr gehabt, die Juli-Programme anzusehen. So war ich auf die *Village Voice*, ehemals ein alternatives Szene-Blatt, heute *die* Standardinformation, und das Intelligenz-Wochenblatt *The New Yorker* angewiesen, aber das reichte auch aus. So kam ich zu 4 Big Band-Konzerten, 2 Combo-Auftritten, 2 Latin Konzerten und einer Reihe von Straßenmusiker-Darbietungen unterschiedlicher Güte (daher von mir auch unterschiedlich entlohnt, von 0 bis 2 $).

New York, Columbus Circle am Central Park,
mit Jazz-Club Iridium (2005)

Big Bands

Dem *Time Café*, Lafayette Street, ist hinten ein ziemlich großes Kellerlokal angeschlossen, das *Fez*, in dem jeden Donnerstag die *Mingus Big Band*[13] auftritt. Sie spielt in voller Big Band-Besetzung ausschließlich Mingus-Stücke, was durchaus logisch ist, denn der 1979 verstorbene M. hat selbst ja zuweilen größere Gruppen (etwa bis N = 10) gehabt und auch vergeblich versucht, eine Big Band zu unterhalten. Die Musiker (schwarz und weiß gemischt) kannte ich nicht, außer *John Stubblefield* und *Ron Blake* (ts). Ich erinnere mich an *So long Eric, Self Portrait*

---

[13] Mingus Big Band*: O. P. (Oscar Pettiford)* (LP *Gunslinging Bird*)
https://www.youtube.com/watch?v=yYZ5-Baf9Qc&list=RDyYZ5-Baf9Qc&start_radio=1&t=49

in Three Colors, Ecclusiastics, Fables of Faubus. Gute Musik, aber der Abend litt für mich darunter, daß es der erste Tag in NY war, zudem der einzige, an dem es ununterbrochen regnete, so daß ich – da ich das U-Bahn/Bus-System noch nicht im Griff hatte – verregnet und verschwitzt erst knapp vor 9 ankam, entsprechend weit hinten saß, und mich dann auch noch erst mit einem lauten Betrunkenen oder Bekifften auseinandersetzen mußte, der aber dann verschwand.

Die Kollegen fingen den Set dann erst um 20 vor 10 an, er dauerte 1 1/4 Stunde, und für den zweiten Set, um 11, hätte ich nochmal 18 $ bezahlen müssen (und jeweils 2 drinks Minimum).

Am Sonnabend hatte ich die Wahl zwischen *Donald Harrison* (ex-Jazz Messenger, ts) im *Iridium*, einem offenbar piekfeinen Club im Radisson Hotel, der *Illinois Jacquet Big Band* und einem *Klezmer-Jazzabend* in der *Knitting Factory*. Ich entschied mich fürs letztere, aber als ich viel zu früh (um 7) da war (weil das Guggenheim Museum II in Soho nur eine langweilige Sonderausstellung hatte), und sah, daß der interessante Set (*David Kracauer's Klezmer Madness*) erst um 11 begann, disponierte ich um und fuhr *zum Lincoln Center of the Performing Arts*, einem Ensemble von Opernhaus, Theater und Konzerthalle, alles modern in hellem Sandstein um eine *Plaza* mit *Fountain* angeordnet.

Dort spielte die *Illinois Jacquet Big Band*[14] zum Tanz. Für 9 $ konnte man auf die umgitterte Tanzfläche. Viele standen aber außen herum und hörten zu oder tanzten auch da. Sommerabend-Volksfest-Atmosphäre. Illinois Jacquet, 75, einst der Hochton-Tenorist bei Lionel Hampton. Standard-Basie, Tommy Dorsey usw. Ganz nett, aber nicht umwerfend. Das Publikum (Durschnittsalter geschätzt 55) war begeistert, und bei *Flying Home* (I. J.s Glanznummer seit 55 Jahren) gingen auch die paar jungen Schwarzen mit.

---

[14] Illinois Jacquet: *Blues from Louisiana*: (LP *Jacquet's got it!* 1988)
https://www.youtube.com/watch?v=yVZzQVmttN0

Der Höhepunkt für mich war ein Abend im *Birdland* in der 44th Street mit der *Charli Persip Supersound* Big Band[15]. C. P., ein Hard Bop-Veteran, der an diesem Abend 68 wurde, spielte mit einer jungen Gruppe sehr schöne Power Musik, sagenhafte Sätze, rhythmisch komplex. Von den Stücken kannte ich nur *El Camino* von J. J. Johnson, *Bebop*, *Round Midnight* und *Willow* w*eep for me.*

315 West 44th Street ☎ (212) 581-3080

BIRDLAND

FINE DINING — LIVE JAZZ

Monday	Tuesday	Wednesday	Thursday	Friday	Saturday	Sunday
30, 7, 14, 21, 28 The Legendary TOSHIKO AKIYOSHI JAZZ ORCHESTRA Featuring Lew Tabackin	1 Eskapade Records CD-Release Party RONALD MULDROW	2 RON AFFIF TRIO	3 Jazz Vocalist FLEURINE Plus Five	4-5 BUDDY RICH LEGEND CONTINUES WITH BUDDY'S BUDDIES: STEVE MARCUS, OMAR HAKIM, WILL LEE, ANDY FUSCO, LES MUSIKER		
	8-9 CARL ALLEN QUINTET Mulgrew Miller, Mark Whitfield, Rodney Whitaker, Tim Warfield		10 PETE MALINVERNI TRIO	11-12 AL GREY SEXTET Jon Crane, Ben Brown, Norman Simmons, Bobby Durham, Jerry Weldon		13 ROLAND VASQUEZ
	15 TEO MACERO BAND	16 JIMMY BRUNO QUARTET Feat. Bobby Watson	17-19 JIMMY HEATH QUINTET Tony Purrone, Ben Brown, Yoron Israel, & Jee Patton			20 CARLA WHITE
	22-23 JOHN ABERCROMBIE DAN WALL ADAM NUSSBAUM		24-26 LOUIS ARMSTRONG LEGACY ALLSTAR BAND Featuring Arvell Shaw, Byron Stripling, Bross Townsend, Gary Valente, Joey Cavaseno			27 CHARLI PERSIP SUPERSOUND
	29-30 PETE SELVAGGIO & ERNIE KRIVDA		31-1 JOE CHAMBERS ALLSTARS Bob Berg, Donald Harrison, Buster Williams, & Lenny Lingemann			TORSTEN DEWINKEL & SASI SHALOM BAND

JULY SCHEDULE

Das (neue) *Birdland* (das alte, das „eigentliche", gibt´s schon lange nicht mehr), ebenerdig, mit großen Glasfenstern, frisch renoviert, mit weißen Tischdecken wie in einem italienischen Restaurant, nahm 10 $ für die Musik und erwartete einen Minimum-Konsum von 10 $ pro Set (d.h. etwa 2 Bier). Ich saß an einem Tisch in der ersten Reihe, einen Meter vor dem Saxophon-Satz. Die Atmosphäre war derart angenehm (es waren etwa 40 Leute da, bei etwa doppeltem Fassungsvermögen), daß ich mir *Southern Fried Catfish* (einen Wels) with *Black-Eyed Peas* and *Collard Greens* (einer Art Kohl) (für 13,95) bestellte, dazu *Sam Adams Lager Beer*. Wie immer in Amerika gab´s

---

[15] Charlie Persip Superband: *In case you missed it* (Gleichnamige LP) https://www.youtube.com/watch?v=Oyb2vi8tXOE

eisgekühltes Wasser nach Belieben dazu. Man konnte sogar beim zweiten Set ohne Zusatzkosten dableiben, was außer mir noch etwa 25 Leute taten.

In einem Rückfall in meine Jugendjahre ließ ich mir von C. P. ein Autogramm auf das Birdland-Juli-Programm schreiben und kaufte zwei Gläser mit Birdland-Symbol, verzichtete aber auf Kaffee-Becher, T-Shirt, Sweat-Shirt und glanz-schwarze Blouson-Jacke...

Die vierte Big Band hörte ich im *Visiones*, einem kleinen, schwarzgestrichenen, wieder ebenerdigen Club nahe dem Washington Square im (ehemaligen) Künstler-Viertel Green-wich Village: die *Maria Schneider Big Band*[16], die dort seit vier Jahren jeden Montag spielt. Ebenfalls jeden Montag spielt im *Birdland* die *Toshiko Akioshi Big Band*. Ich entschied mich aber hier für die Zukunft: Maria Schneider ist der Star unter den jungen Arrangeuren. Sie hat bei *Gil Evans* studiert, und entsprechend ist auch die Musik: eigene Kompositionen (aber auch *Giant Steps*), oft regelrechte Suiten, zuweilen kein durch-gehender Swing, harmonisch sehr anspruchsvoll, häufige Tempowechsel. Sehr interessant. Ich hatte schon vorher eine CD von ihr und erkannte einige Stücke wieder.

Ms. Schneider ist ein dünnes, blasses, blondes Mädchen (natürlich eine Frau), die die Band mit einer Vielzahl von besonderen Gesten dirigierte, was mir einen Eindruck davon gab, wie ein Dirigent auch während des Auftritts hilfreich sein kann. Von den Musikern (alles junge Weiße) war mir nur die Trompeterin *Ingrid Jensen*[17] bekannt (aus der Downbeat-Lektüre), auch ein dünnes, blondes Mädchen. Viele spielten mehrere Instrumente, die vier Trompeter alle auch Flügelhorn, die Saxophonisten alle auch Flöte und Klarinette, die Altisten auch Sopran. Entsprechend auch die Palette der Klangfarben.

---

[16] Maria Schneider: *Evanescence* (in Wien, 2008)
https://www.youtube.com/watch?v=NIrGXnXPNH0
[17] Ingrid Jensen: *Here on earth* (von der CD Here on Earth, 1998)
https://www.youtube.com/watch?v=nkmggC1qUQ8

Natürlich saß ich, frühzeitig erschienen, wieder unmittelbar vor dem Saxophon-Satz, hätte fast die Noten umblättern können. Nach dem Konzert fragte ich Ms. Schneider, wieso sie einen deutschen Namen hat (wg. der deutschen und holländischen Großeltern, und sie spricht auch deutsch), kaufte die neueste CD und bekam ein Autogramm auf die Faltbeilage der Scheibe.

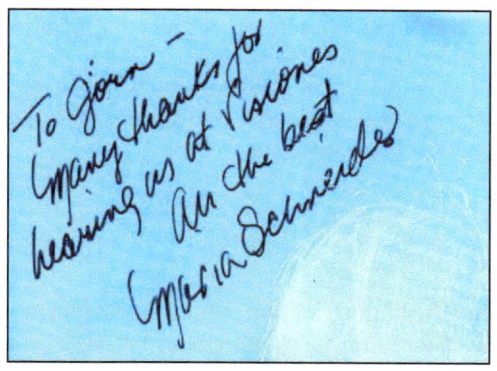

Maria Schneiders Autogramm

Ein grauhaariger Brasilianer etwa meines Alters, der mit seinem Sohn da war, ließ sich seine CD auch signieren. Sie hatten beide Big Bands des Abends gesehen: Sie waren zum 9 Uhr-Set im Birdland bei Toshiko gewesen und zum 11 Uhr-Set hierher gekommen. Auf diese Möglichkeit war ich gar nicht gekommen... Er erzählte mir, daß man in Brasilien hochkarätige Jazz-Platten wie die Maria Schneider CDs nicht bekommen könne, allenfalls durch Bestellung via Internet. Die jetzt erstandene und signierte CD habe er zwar schon, aber er werde die neue behalten und die andere an Freunde weitergeben.

Auch hier nur 40 bzw. 30 Gäste, und ich hatte Pasta mit reichlich Pesto, dazu Budweiser – „King of Beers".

Nachtrag:
Zuhause lese ich im Augustheft von *downbeat*, dem Jazz-Magazin, die Ergebnisse der jährlichen Kritikerumfrage:

- In der Kategorie *Composer*: Sieger - *Wynton Marsalis*, 4. Platz: *Maria Schneider*; Unterabteilung *Talent Deserving of Wider Recognition* (etwa: unterschätzte Talente): Sieger: Maria Schneider.
- In der Kategorie *Arranger*: Sieger - *Maria Schneider*, *TDWR*: ebenfalls *Maria Schneider*.
- In der Kategorie *Big Band*: Sieger - *Mingus Big Band*, 2. Platz: *Maria Schneider* Jazz Orchestra, *TDWR*: 2. Platz *Maria Schneider* Jazz Orchestra.

Combos

Am letzten Abend ging ich um 9 (genaugenommen schon um 8, um wieder Pasta mit Pesto zu essen) ins *Sweet Basil.* Denn *Tina Turner & Cyndi Lauper* in *der Radio City Music Hall* waren schon lange ausverkauft, und zu *Larry Holmes* (Schwergewicht) gegen Ich-weiß-nicht-mehr-wen im *Madison Square Garden* über der *Pennsylvania Station* konnte ich mich denn doch nicht aufraffen (wenn es nicht sowieso schon ausverkauft gewesen wäre). Das *Sweet Basil* (= Basilikum) ist ein kleiner, auch wieder ebenerdiger Club an der 7th Avenue South in *Greenwich Village*, wo man durch die große Glasfront Passanten vorbeigehen und die gelbe Taxiflotte vorbeiströmen sehen konnte. Dort war ich vor sechs Jahren nach einem Kongreß in Albany im Staate New York schon einmal gewesen, mit Kollegin Ulrike W. [Damals spielte mein 2. Lieblingsbassist (nach Ron Carter) *Richard Davis*, mit Sir Roland Hanna (p), Ronnie Burrage (d), Ricky Ford (ts) und Cecil Bridgewater (tp); und jetzt gab´s auch eine CD dazu]. Jetzt trat *Sonny Fortune*[18] auf,

---

[18] Sonny Fortune: *Sunshower* (LP *Awakening,* 1975)
https://www.youtube.com/watch?v=8fH_FANAywg

ein Hard Bop-Veteran (as, fl), mit *John Hicks* (p) (den hatte ich schon mal mit *Art Blakey* im Frankfurter Sinkkasten gesehen), *Wayne Dockery* (b) (ebenfalls ex-Blakey) und dem Hausschlagzeuger *Ronnie Burrage*. Schöner Hard Bop mit Tendenz zum Free Jazz. Hier waren 10 $ "cover charge" (für die Musik) und 10 $ Verzehr pro Set fällig (was mit Pasta und 2 Bieren abgeleistet war, so daß ich beide Sets von je 1 Std 10 Min. dablieb, denn für den zweiten Set wurde nur erneuter Konsum von 10 $ erwartet). Neben eigenen Titeln von der letzten und der nächsten CD spielten sie u. a. Monk´s *Hackensack*, Ellington´s *Solitude*, *Four* (von *Miles Davis*, aber eigentlich von *Eddie Cleanhead Vinson*, wie ich lernte). Ich saß wieder an einem Tisch in der ersten Reihe, gleich neben dem Klavier. Auch hier waren nur 45 Leute da, beim zweiten Set um 11 nur noch 30.

Im Central Park, New York, 1997

Am Sonntagvormittag schlenderte ich wie Tausende anderer durch den *Central Park* (die meisten allerdings joggend, runnend, auf In-line Skates oder Fahrrädern); da bauten gerade sieben Musiker am Wiesenrand ihre Anlagen auf: ein sehr alter

Mann an der Posaune, ein ebenso alter mit einem Tenorhorn, eine etwas jüngerer mit Tenorsaxophon und ein junger mit rötlich gefärbtem und geöltem Haar, der zeitweilig Trompete und Flügelhorn gleichzeitig spielte. Diese waren alle schwarz und die Instrumente ziemlich abgenutzt. Und dann noch drei jüngere Weiße an Schlagzeug, Gitarre und Baß. Sie spielten und sangen für die Laufkundschaft im wesentlichen Standards, z. B. *I got it bad and that ain´t good*. Ganz nett. Die Namen der Kollegen habe ich kaum verstehen und mir daher auch nicht merken können.

Die Latin Experience

Ich hatte schon gelesen, daß sich die USA in den letzten Jahren ausführlich latinisiert haben, durch die Einwanderer aus Mexiko, Puerto Rico (was zwar eine Insel in der Karibik, aber ein Staat der USA ist) und Cuba. Es war aber doch überraschend, soviele Schwarze spanisch sprechen zu hören, und auch die große Zahl von "Hispanics" oder "Latinos".

Und so lag es nahe, zu einem groß angekündigten Konzert mit "*Nuyorican Soul*"[19] zu gehen, einer Kreuzung aus "*NU*eva *YO*rk" und "Puerto *RICO*". Von zwei DJ´s (den Disc Jockeys der Hip Hop etc. Music) organisiert – "Little" Louie Vega und Kenny "Dope" Gonzales –, war das angekündigt als eine Mischung aus Salsa, Soul und Jazz. Der Ort war der *Hammerstein Ballroom* im *Manhattan Center* in der 34th Street, der aussah wie ein riesiges heruntergekommenes Kino. Ich saß (für 32,50 $) im 2. Rang mit bester Sicht und Sitzplätzen, im Parkett (ohne Bestuhlung) drängte sich das schwarze und braune Jungvolk für 27,50 $. Anfang sollte um 9 sein, geöffnet wurde um 1/2 9 und von da an bis 20 vor 10 gab´s ununterbrochen volle Dröhnung von Salsa-Musik vom Band, teilweise zu stampfendem

---

[19] *I am the black gold of the sun* (auf der CD *Nuyorican Soul*)
https://www.youtube.com/watch?v=aYBT90PFmoM

Disco-Pop degeneriert. Das Publikum war´s zufrieden, alles "tanzte" solitär vor sich hin.

Dann ging´s los. 3 Bläser (ts, tp, tb), 2-3 keyboards, 3 percussion, 2 Gitarren, 1 Baß. Es war mehr durch Percussion latinisierter Rhythm & Blues als echte Salsa, rhythmisch also eher schlicht. Die Anlage war hoffnungslos übersteuert, vor allem die Congas und ein Keyboard setzten sich voll durch. Infolgedessen war von den musikalischen Feinheiten und dem Gesang nicht viel zu hören. Das besondere war die Mischung von Latin Pop und Gastsolisten aus dem Jazz-Bereich mit Latin-Neigungen: *Hilton Ruiz* (p), den ich mal im Frankfurter Sinkkasten gesehen hatte (auch mit *Art Blakey*), ein junger Tenorist, der immerhin schon eine *downbeat*-Titelstory hatte: *David Sanchez* (in der *downbeat*-Kririkerumfrage Platz 2 bei Tenor Sax, Abteilung TDWR), *Eddie Palmieri,* ein schon etwas müder Veteran des Latin Jazz (p), einer Blues-Mama namens *Jocelyn Brown*[20], einer bluesigen Latin-Sängerin mit schwarzem Indio-Hut als Markenzeichen: *India*[21], und als positive Überraschung *George Benson*[22] (g, vocal), den ich nach seinen Hard Bop-Anfängen nur noch als Schnulzensänger und Soft-Gitarristen mit Streicher-Background kannte. Hier brachte er voll den harten Blues, und das Publikum raste.

Das Kontrastprogramm dazu gab es am Sonntagnachmittag in der feinen *Avery Fisher Hall* ("Home of the New York Philharmonics" unter *Kurt Masur*) *im Lincoln Center for the Performing Arts* (s. oben) im Rahmen des Lincoln Center Festivals in der Reihe *Expresiones Latinas*: Die "Pop Queen" von Puerto Rico, erstmals in New York, demnächst in einem neuen

---

[20] Jocelyn Brown with *Nuyorican Soul:* 1997: *It's alright, I feel it.*
https://www.youtube.com/watch?v=FlpdYIL4_DI
[21] India with *Nuyorican Soul:* 1997:*Runaway.*
https://www.youtube.com/watch?v=YQJIs9iw_tg
[22] George Benson: *You can do it, Baby* (auf der CD *Nuyorican Soul,* 1996)
https://www.youtube.com/watch?v=_24A86la8-E

Broadway Musical zu sehen: *Ednita Nazario*[23]. Nach dem Schmuddel-Soul im *Hammerstein Ballroom* hier der Edelpop im Konzertsaal. Ednita, üppig (aber nicht fett) und blond (wie auch die Türken und Ägypter ihre Sängerinnen und Bauchtänzerinnen lieben). Eine voll durchgestylte Show, bei der die Sängerin das Publikum absolut im Griff hatte. Eine dramatische Altstimme, die gelegentlich an *Milva* erinnerte. Viermal Kleiderwechsel während der zweistündigen Show (ohne Pausen). Erst im silbrig glitzernden Hosenanzug mit bodenlangen Rockschößen mit maximalem Decolleté, dann im schwarzen, mit glitzernden Pailletten besetzen Träger-Mini, dann im tomatenroten Business-Dress, schließlich in lasziven, rotgoldenem, hoch geschlitzten Kleid, und zum Schluß in einem halbstrengen weißen Anzug. Viel Light-Show und ein 10 köpfiges Fernseh-Ballett, das aber zeitweise sehr dynamisch wurde. Die Musik: 2 kb, 2 git, b, perc, dms, gelegentlich 1 Tenorsax. Auch hier keine echten Latino-Rhythmen, sondern eher durch *percussion* verzierter Edelpop. Aber: das Publikum war hingerissen, schwenkte Puerto Rico-Fähnchen, entfaltete ein Transparent "Ednita – wir lieben dich", soweit ich sehen konnte. Alle Lieder auf Spanisch (viel *corazon* = Herz, und *canción* = Lied), alle Ansagen auf Spanisch, Dialoge mit dem Publikum, sie erzählte Geschichtchen, auf die das Publikum mit Lachen oder Stöhnen reagierte. Nach den ersten drei Tönen jedes Stückes begeistertes Erkennen, teilweise Mitsingen. Ein Heimatabend für die Latinos im fremden Nueva York. Ich hatte den Eindruck, hier war es eher die, etwas ältere, Mittelklasse; im *Hammerstein Ballroom* beim *Nuyorican Soul* eher die Proll-Variante für die Jugend.

Beides auf jeden Fall ein Erlebnis. Hier saß ich für 20 $ im dritten Rang seitlich vorn, mit guter Sicht auf die Bühne; hier waren die Plätze im (nur zu einem Drittel gefüllten) Parkett die teuren: bis 45 $.

---

[23] Ednita Nazario: *Espíritu libre.*(CD *Solo lo Mejor*, 1996) https://www.youtube.com/watch?v=IFWlj8tCz1I

THE NEW YORK TIMES, TUESDAY, JULY 29, 1997

Jack Vartoogian

Ednita Nazario with José Encarnacion at Avery Fisher Hall on Sunday.

Coda

Das dicke Ende kam (und kommt) hinterher zuhause: nachsitzen und die gut zwei Dutzend neuen CDs hören. Darunter:

-   Mingus Big Band: *Living in Time*
-   Ingrid Jensen: *Here on Earth*
-   Charli Persip Supersound: *No dummies allowed*
-   Maria Schneider Big Band: *Evanescence*
-   Maria Schneider Big Band: *Coming about*
-   *Nuyorican Soul*
-   Ednita Nazario: *Espiritú Libre*

Concerto in Bb für Vuvuzela

Satzprobe des Saxophonsatzes von „Hamburgs lässigster
Big Band" *The Openers* am 11.10.2010

Mitwirkende:
Altsaxophon: Biggy P., Sabine K.,
Tenorsaxophon: Nils H., Karsten W., Jörn S.
Baritonsaxophon: Hannes G.

Vuvuzela Concerto in B Flat

56

Jörn:	Biggy, zähl doch mal drei Takte vor.
Biggy:	Also, wir üben erstmal im halben Tempo. Und die Wiederholung in doppeltem Tempo, so alla brevemäßig.

Biggy zählt ein

Karsten:	Ich finde, du hast zu schnell eingezählt. Fang noch mal an.

Biggy zählt ein

Hannes:	Wollen wir nicht erstmal stimmen?
Bine:	Dazu sind die Instrumente noch zu kalt.
Jörn:	Und die Stimmung ist sowieso ausgezeichnet.
Nils:	Wo fangen wir überhaupt an?
Biggy:	Links oben!

ööö[24]

Karsten raschelt mit den Noten

Biggy:	Karsten, kannst Du Deine Noten nicht zuhause ordnen?
Karsten:	Die Noten sind so klein gedruckt – das kann ich ohne Brille nicht lesen
Biggy:	Dann spielst du eben die untere Stimme, da gibt's nicht so viel zu lesen.
Nils:	Unten stehen die Backings, die müssen ganz leise gespielt werden, praktisch unhörbar.

ööö

Hannes:	Haben wir das schon mal gespielt? Ich hab das noch nie gespielt.

---

[24] ööööööööööööö steht für den Ton Bb des monotonalen Stückes

57

Nils: Da warst Du in den Ferien. Du bist doch Lehrer.

öÖ
(laut)

Biggy: So geht das nicht. Wir müssen mehr Dynamik
               reinbringen! Elmo[25] sagt, das Stück lebt von der
               Dynamik. Also nicht so drauflosbrazzen.
Hannes: Hier steht aber fortissimo.
Biggy: Elmo sagt, wenn da fortissimo steht, heißt das
               mezzopiano.

öÖ
(piano)

Nils: Elmo sagt: Wir sollen einfach mal schön spielen.
               Das muß viel wolkiger gespielt werden. So Gil-
               Evans-mäßig. Denkt an „Birth of the Cool".
Hannes: Sollen wir triolisch phrasieren oder gerade spie-
               len?
Nils: Wie's da steht!
Hannes: Bei mir steht überhaupt nichts.
Karsten: Ich finde das Stück überhaupt doof.
Jörn: Das ist ja auch eigentlich eine Gesangsnummer,
               aber Marion konnte den Text nicht behalten.

öÖ

Biggy: Nils, kannst Du nicht mal die Füße still halten?
               Ich kann nicht spielen, wenn ich Dir auf die Füße
               sehe.
Nils: Du bist eben zwischendurch immer langsamer
               geworden mit deinem Takt.
               Und ich finde, Jörn, du schleppst auch.

---

[25] Der musikalische Leiter der Band.

Jörn: Das muß am Schlagzeug liegen. Ich finde, das
               Schlagzeug sollte uns die Eins geben, sonst krie-
               gen wir den Einsatz nicht hin.

öö

Biggy: Elmo sagt, wir sollen die Harmonien mitdenken
               und die Phrase weiterdenken. Und die Pause
               nicht so lang denken.
               Jetzt spielt mal alle den vierten Ton im fünften
               Takt, damit wir die Harmonie verstehen – ein-
               fach aushalten.
Jörn   Wo ist das, ich habe hier keine Taktzahlen
Karsten: Ich weiß auch nicht mehr, wo wir sind.
Nils: Du mußt eben mitzählen!

öö

Biggy: Nils, du spielst wieder so laut.
Nils: Ich bin eben nicht Bine.
Bine: Gottseidank.
Biggy: Zurück zum Segno –
Karsten: Ich seh' hier kein Segno.
Biggy: Dann eben in die Klammer 2. – Ihr müßt euch
               eben vorstellen, daß es hier in den Kopf geht.

öö

Biggy bricht ab.

Biggy: Ich glaub' wir haben das jetzt so einigermaßen
               drauf.
               Die Feinheiten müßt ihr zuhause üben, dafür
               haben wir hier keine Zeit!

Der Saxophonsatz der „Openers" (2010)

Vuvuzelas

Si non è vero ...

Da Ihre Jazz-Geschichten in der ersten Person geschrieben sind, kann man wohl annehmen, daß Sie sie selbst erlebt haben. Oder haben Sie die „Ich-Form" als Stilmittel verwendet?

Unterschiedlich. Die „Jazz-Woche in New York" ist tatsächlich ein schlichter „Tatsachenbericht". Es war mein erster Besuch im *Big Apple*, und ich wollte meine Jazzfreunde an meinen Erlebnissen teilhaben lassen. Mir ging es auch darum, die Vielfalt der musikalischen Szene in der Jazz-Metropole anzudeuten. Bei späteren Aufenthalten habe ich auch immer das eine oder andere Konzert besucht, aber meine Begleitung war nicht immer für „jeden Abend Jazz" zu haben. Da muß man denn auch Kompromisse machen...

Die Geschichte vom „Hörplatz" scheint nicht von Ihnen zu handeln. Sie sind ja Hamburger und der Erzähler reist von anderswo her nach Hamburg.

Die Geschichte ist tatsächlich erfunden, sie beschreibt nicht das Erleben einer bestimmten Person. Aber ich habe „an jemanden gedacht", nämlich an meine Freunde Achim und Heinke St. Als ich Achim die Geschichte zu seinem Fünfundsechzigsten verehrte, sagte er: „Woher wußtest Du das alles, damals kannten wir uns doch noch gar nicht!". Die Maxime *Si non è vero, è ben trovato – wenn es nicht wahr ist, so ist es doch gut erfunden* wird Giordano Bruno, dem Philosophen und Astronomen, Zeitgenossen von Galilei und Opfer der römischen Inquisition, zugeschrieben. Und das gilt wohl für einen Großteil der „Schönen Literatur": Autobiographische Elemente werden in verfremdeter Form verwendet, anderes „hätte so gewesen sein können".

In der Tat erinnert mich die Geschichte an meine eigenen Jugendzeiten in den Fünfziger Jahren. Ich bin allerdings eher

beim älteren Jazz stehen geblieben, den man heute wohl als
„Frühschoppen-Jazz" bezeichnen könnte.

Die Atmosphäre in der Musikhalle habe ich selbst so erlebt, auch das Konzert des *Oscar Peterson*-Trios ist real, aber das andere habe ich meinen Freunden in den Mund gelegt. Sie haben tatsächlich Jahre später *Ray Brown* auf einer mediterranen „*Jazz Cruise*" kennengelernt und interessieren sich für altamerikanische Kultur, aber von *Ray Brown* ist das nicht überliefert. Da habe ich dann wieder die Phantasie spielen lassen. Die Geschichte spiegelt auch die Möglichkeit, als „Fan" mit den Künstlern in Kontakt zu treten, was in kleineren Clubs, oder eben auf solchen Kreuzfahrten, oft der Fall ist.

Kommen wir zur „Crescent City Serenade". Soweit ich weiß, ist „crescent" der zunehmende („wachsende") Mond, und New Orleans trägt diesen Namen, weil es sich mondsichelförmig an das Südufer des Lake Pontchartrain schmiegt. Und Sie sind also zu den archaischen Wurzeln des Jazz gepilgert. War das nun alles „wirklich" so?

Auch hier mischen sich *fact* und *fiction*. Das flache Schwemmland des Mississippi ist ja „*cotton country*", wo die Baumwolle wächst, die Wiege des ländlichen Blues stand und damit eine Mutter des Jazz. Das haben wir so erlebt. Und das C-melody Saxophon gibt es wirklich, aber wir haben es später selbst in dem erwähnten Pfandhaus an der Ostküste erstanden. Solche Pfandhäuser haben legendären Status in der Jazzgeschichte, weil Musiker immer mal wieder in Geldnöten ihr Instrument versetzen mußten. Manchmal konnten sie es nicht wieder auslösen, und so konnte man später oft wertvolle alte Instrumente in solchen Häusern finden. Aber diese Quellen sind heute sicherlich weitgehend erschöpft.

Und Jay Vincent?

Den gibt es tatsächlich, auch wenn wir nicht in den Genuß seiner näheren Bekanntschaft kamen. Er steht für viele begnadete Musiker, denen das Schicksal verwehrt hat, den verdienten Erfolg zu genießen. Und die deshalb ihren Lebensunterhalt als Straßenmusiker verdienen müssen. Auch, wenn es den Anwohnern des Jackson Square in New Orleans nicht gefällt[26].

Nun zu „Sandy Conway". Ist sie eine reale Person?

Allein bei *Facebook* haben ungefähr siebzig Sandy Conways einen account und dazu noch etwa dreißig „Sandra" Conways. Und es gibt sicher noch viele, die nicht bei Facebook sind. Ob „unsere" *Sandy Conway* dabei ist, wissen wir natürlich nicht. Aber es gibt sie, und sie singt auch so wie beschrieben. Das übrige allerdings ist erfunden. Es soll an die bittere Alltagswirklichkeit der Schwarzen im Amerika von heute erinnern, an der auch eine „schwarze" Präsidentschaft nichts ändern konnte. Personen von „mixed race" – so nennt man sie tatsächlich – sind da nicht viel besser dran, und nicht nur im Südstaat South Carolina. Und Sängerinnen wie Sandy Conway (und ihre männlichen Pendants), die es nicht ins Rampenlicht geschafft haben, haben es so schwer wie anderswo auch.

Bei „Moanin'" erschließt sich mir nicht ganz der Sinn der Geschichte.

Ich verstehe. Sie bezieht sich auf einen alten Musiker-Scherz, der den Kontrast zwischen zarten Flötentönen, die im Jazz allenfalls eine exotische Randexistenz führen, und dem satten Big Band-Sound der Dreißiger und Vierziger Jahre betont. Ich habe ihn benutzt, um alle (mehr oder weniger) berühmten Mu-

---

[26] *Los Angeles Times*: https://www.latimes.com/archives/la-xpm-1996-06-20-mn-16712-story.html

siker und Musikerinnen zu ehren, die ich in den letzten sechzig Jahren live zu erleben das Vergnügen hatte.

Mir fällt auf, daß die allermeisten nicht mehr am Leben sind.

Das ist darauf zurückzuführen, daß meine Jazzhörer-Geschichte mehr als 60 Jahre umfaßt. Wer zum Beispiel vor 50 Jahren 40 Jahre alt war, wäre heute 90 und vermutlich nicht mehr am Leben.

Und Sie haben offenbar einige der ganz großen Namen persönlich erlebt!

Das stimmt. Ich bin besonders glücklich, daß ich einige absolute „A-Lister" live gehört habe: *Kid Ory, Coleman Hawkins, Lionel Hampton, Count Basie, Duke Ellington, Dizzy Gillespie, Thelonious Monk, Max Roach, Art Blakey, Elvin Jones, Charlie Mingus, Ron Carter, Ornette Coleman, Sonny Rollins, Freddie Hubbard, Jimmy Smith, Herbie Hancock, und natürlich Ella Fitzgerald, Ray Charles* und *B. B. King*. Das ist schon ein wahres *Who-is-who* des Jazz. Andere, wie *Charlie Parker* (†1955) lebten schon nicht mehr, als ich den Jazz entdeckte, und Konzerte mit *Louis Armstrong, John Coltrane* oder *Eric Dolphy*, die ich hätte erleben können, habe ich leider verpaßt.

Schließlich das Concerto *für Vuvuzela. Ich erinnere mich, daß bei der Fußballweltmeisterschaft, die 2010 in Südafrika stattfand, die einheimischen Fans die anderen Zuschauer und das weltweite Fernsehpublikum in den Wahnsinn trieben, indem sie ununterbochen auf einer Vuvuzela bliesen.*

Genau. Die Vuvuzela ist eine Plastiktröte mit einem Mundstück, das dem einer Trompete ähnelt. Der einzige Ton wird mit dem „Trompeten" eines Elefantenbullen verglichen, und soll im Abstand von einem Meter Lautstärken bis 120 dB erreichen, was die Geräuschentwicklung einer Kettensäge übertrifft.

Trotz weltweiter Erregung ließ man den Fans in den Stadien ihren Spaß.

Wie kann man damit nun Musik machen?
Das kann man natürlich eigentlich nicht – abhängig davon, was man unter Musik versteht. Es gab damals allerdings eine Reihe von Musikern, auch der klassischen Variante, die sich einen Spaß daraus machten, im seriösen Konzert-Outfit auf bunten Plastik-Vuvuzelas zu blasen – alles noch auf Facebook zu sehen, das bekanntlich nichts vergißt. Wir fanden dann das im Internet kursierende 48-taktige „*Concerto for Vuvuzela in Bb*", eines anonymen Komponisten, das naheliegenderweise nur aus einem einzigen Ton besteht.

So wie das Orgelkonzert von John Cage, das „so langsam wie möglich" gespielt werden soll?

Vielleicht ist da eine gewisse Ähnlichkeit. Das Werk, in dessen auf 639 Jahre geplanten Aufführung in der Ruine der Sankt Burchardi-Klosterkirche in Halberstadt, bei der der erste Ton anderthalb Jahre lang allein zu hören war. Allerdings werden sich, falls die Welt, wie wir sie kennen, so lange besteht, über Jahrzehnte und Jahrhunderte durchaus Mehrklänge entfalten. Zwei Töne habe ich schon gehört, als ich vor einiger Zeit meinen Freund Rainer N. besuchte, der an diesem Wahnsinnsprojekt beteiligt ist.

Wenn in Ihrer Aufführung des Vuvuzela-Concertos nun alle sechs Saxophonist(inn)en den gleichen Ton gespielt haben – klang das dann nicht im Wortsinne etwas, sagen wir, eintönig?

Schon, wenn Sie an den in dem Protokoll als ööööööö notierten Ton denken, den wir in der Tat alle in gleicher Höhe gespielt haben. Allerdings muß man sich auch die Dynamik vorstellen, Lautstärke, Phrasierung, Ansatz ergaben durchaus ein komplexes Klangbild. Aber wichtiger ist natürlich die Dynamik in der

Interaktion innerhalb unseres Saxophonsatzes. Die Satzproben laufen auch sonst ungefähr so ab wie dargestellt. Das Protokoll ist allerdings fiktiv.

Kann man das Ergebnis auch hören?

Leider nein. Wir haben das Concerto einmal beim fünfzigsten Geburtstag unseres Dirigenten aufgeführt – aber es existiert keine Aufnahme, nicht einmal auf *Youtube*. Wie der große Altsaxophonist *Eric Dolphy* sagte:

When you hear music, after it's over, it's gone in the air. You can never capture it again.

IV

HUNDERT JAHRE JAZZ

Warum Hundert?

Soviel ich weiß, gibt es Jazz seit ungefähr hundert Jahren. Läßt sich das noch etwas genauer datieren? Ich denke da an Jelly Roll Morton ...

... der im Jahre 1902 den Jazz erfunden hat, wie er in seiner Autobiographie schreibt? Der war zwar ein bedeutender Pianist des frühen New Orleans Jazz[27], aber seine Feststellung „I invented Jazz in 1902" ist wohl kaum wörtlich zu nehmen. Da war er nämlich erst zwölf (oder nur wenig älter). Er hieß eigentlich *Ferdinand Joseph La Menthe* und repräsentierte den „kreolischen" Zweig der Jazz-Frühzeit: die gemeinsamen Nachkommen der französischen Kolonisten und ihrer schwarzen Sklaven, denn den Staat Louisiana, in dem New Orleans liegt, haben die USA Frankreich erst 1803 abgekauft. Und in der Amüsierszene der Hafenstadt blühte die Musik: in Bars, Bordellen, „Cabarets", Kneipen, bei öffentlichen und privaten Feiern, Karnevalsumzügen, Beerdigungen usw. Die soziale Funktion kann man sich vielleicht so ähnlich vorstellen wie die der Blasmusik-Kapellen und Fanfarenzüge in unseren Landgemeinden oder die der berühmten Allein-Unterhalter mit Akkordeon oder Keyboard (als es noch keine „DJs" gab).

Der Name scheint mir eher ungewöhnlich.
.

Wie es unter Musikern so geht: Wörtlich heißt es „Marmeladen-Brötchen Morton" (wie unser Held sich dann nannte), es hat aber im dortigen Slang eine obszöne Bedeutung, die ich lieber nicht vertiefen möchte. Pianisten spielten eine zentrale Rolle. Dazu Baß und Schlagzeug und für die Melodien Trompete, Posaune und Klarinette – fertig war die Jazz-Kapelle. Bei

---

[27] Jelly Roll Morton and his Red Hot Peppers: *Sidewalk Blues.*(1926)
https://www.youtube.com/watch?v=-LFUDfcqHrk

Umzügen wurden das Klavier durch ein Banjo[28] und der Baß durch eine Tuba ersetzt. Und damit wurde in den ersten zwanzig Jahren des Zwanzigsten Jahrhundert der Jazz entwickelt.

Den man später dann als Dixieland bezeichnete.

Ja. Denn weil die Südstaaten mit ihrer sklavenhaltenden Plantagenwirtschaft südlich der nach zwei Landvermessern benannten *Mason-Dixon-Linie* liegen, nannte man sie und dann auch die frühe Jazzmusik *Dixieland*.

Und die erste Schallplatte wurde dann auch von der „Original Dixieland Jass Band" aufgenommen.

Das war 1917 in Chicago. Die Musiker aus New Orleans waren Weiße; tragischerweise hatten einige schwarze Musiker Plattenaufnahmen abgelehnt, weil sie Plagiatoren fürchteten – so wird es berichtet. Tonaufnahmen waren damals noch neu, die Technik war vorsintflutlich, und man kann die Aufnahmen nur ertragen, wenn man sich dazu denkt, wie spätere Aufnahmen dieser Musik klingen. Tragisch, weil dadurch die künstlerische Priorität einer „weißen" Band zugeschrieben wurde. Die sich übrigens später korrekt *Jazz* Band nannte.

Warum in Chicago und nicht in New Orleans?

Die USA traten (erst) 1917 in den 1. Weltkrieg ein, in der wichtigen Hafenstadt New Orleans wurde das Amüsier-Viertel, der *Red Light District* geschlossen, die dort tätigen Musiker wurden arbeitslos und wanderten den Mississippi (den *Ol' Man River*) entlang nach Norden und ließen sich in der nächsten Großstadt nieder. Das war Chicago. Und als sich Studenten

---

[28] Das Banjo ähnelt einer 4-saitigen Gitarre, bei der der Resonanzkörper nicht aus Holz und wie eine „8" geformt ist, sondern aus einer Art Tambourin besteht, das mit einem Trommelfell bespannt ist, also ähnlich wie die Trommeln im Jazz-Schlagzeug..

und andere junge Weiße – wie *Bix Beiderbecke*[29] – für diese Musik begeisterten und ihre eigene Variante davon spielten, nannte man das *Chicago Jazz*.

Wie passen denn die Dixie Chicks *in das Bild, von denen kürzlich zu hören bzw. zu lesen war?*

Da reden wir nicht mehr vom Jazz, wohl aber von der „Rassen"-Problematik in den Vereinigten Staaten. Viele Einwohner der Südstaaten, die ja den Bürgerkrieg verloren hatten – das ist allerdings bekanntlich lange her, 1861-1865 –, haben heute noch romantisch verklärende Vorstellungen von dem „slten Süden". Da hat nun dieses weiße, weibliche, sehr erfolgreiche Country Pop Trio (das aus Texas stammt), 2003 öffentlich erklärt (und das noch im Ausland, nämlich in London), daß es sich für den ebenfalls aus Texas stammenden Irak-Krieg-Präsidenten *George Bush* für seine Kriegstreiberei schämte. Daraufhin wurden die drei von der Musikindustrie (und vielen ihrer Fans) boykottiert. Fast zwanzig Jahre später legten sie angesichts der *Black Lives Matter*-Bewegung (die sich gegen die polizeiliche Unterdrückung der Schwarzen wandte) ihren Südstaaten-Namen ab und nennen sich seitdem nur noch *The Chicks*. Und *Natalie Maines*, ihre Lead-Sängerin, scherzte sarkastisch, sie würde vergleichsweise sogar lieber mit G. W. Bush rumknutschen („make out") als mit dem derzeitigen Präsidenten.

Während des „Dixieland-Revivals" in den 40er und 50er Jahren, also in meinen jungen Jahren, hatte man meines Wissens noch nicht solche sprachlich-politischen Bedenken.

Nein. Man (wir) war diesbezüglich eher naiv. Als man in den USA in den 40er Jahren den alten Jazz wieder entdeckte und die noch lebenden Musiker dieser Stilrichtung ausfindig mach-

---

[29] Bix Beiderbecke: *I'm coming Virginia,* 1927
   https://www.youtube.com/watch?v=L8G7_uDS484

te (wie *Bunk Johnson*[30] oder *George Lewis*[31]), sprach man auch eher vom *New Orleans Revival*. Und in England und Australien heißt diese Musik ganz einfach *Trad Jazz*, für „Traditional".

---

[30] Bunk Johnson: *Midnight Blues*:
https://www.youtube.com/watch?v=NfwxLIT6uAc
[31] George Lewis: *Burgundy Street Blues*
https://www.youtube.com/watch?v=tKL-RJDPH3w

Womit macht man Musik –
die Instrumente

Was für Instrumente spielen denn im Jazz eine Rolle? In der europäischen Klassik scheinen mir das hauptsächlich die Geige und das Klavier zu sein, vielleicht auch noch die Klarinette (Mozart!) und in der Kirchenmusik die Orgel.

Hier muß man sich wieder die Situation in den USA im ausgehenden 19. Jahrhundert vorstellen. Vom Bürgerkrieg waren von den zahlreichen Militärkapellen vor allem viele Blasinstrumente übriggeblieben, die gebraucht billig erhältlich waren: Trompete, das ähnliche Kornett, Posaune, Klarinetten, Tuba, von der ländlichen Volksmusik kam die Gitarre dazu (und das verwandte Banjo), und aus der Salonmusik das Klavier. Saxophone (die *Adolphe Sax* in Belgien schon Mitte des 19. Jahrhundert entwickelt hatte, 1846 patentiert) kamen erst in den Zwanziger Jahren dazu. Und damit haben wir auch schon die typische Besetzung in der frühen Jazzmusik: die „Melodie-Instrumente" Trompete, Posaune, Klarinette, die „Harmonie-Instrumente": Klavier, Gitarre, Banjo, und das Schlagzeug.
Die meisten Musiker waren ursprünglich Amateure, die neben der Musik noch einen „Brotberuf" hatten. Die Pianist(inn)en hatten oft schon eine reguläre Ausbildung.
Die tiefen Töne lieferte meist der Kontrabaß, der allerdings bei den Marschkapellen unpraktisch war und durch die Tuba (ein tiefes Blasinstrument, bei der die Tonerzeugung der bei der Trompete ähnelt) ersetzt wurde.

Wie entstehen denn nun die Töne?

Das dürfte Ihnen aus der klassischen Musik geläufig sein. Die Töne entstehen dadurch, daß eine „Tonsäule" in Schwingungen versetzt wird, die Tonhöhe durch Verlängerung und Verkürzung dieser Tonsäule.

Bei den sog. Blechblasinstrumenten wird der Ton schon „im Munde" geformt. Die Ventile bei der Trompete, bei der Posaune der „Zug" dienen der weiteren Erhöhung oder Senkung der Tonhöhe. Das Flügelhorn ähnelt der Trompete, hat aber einen volleren, wärmeren, weniger „strahlenden" Klang. Und die Tonröhre ist „konisch" (wörtlich: kegelförmig), d.h. sie wird vom Mundstück bis zur Öffnung weiter.

Flügelhorn und Trompete

Posaune

Bei den *Holz-Blasinstrumenten* (Fagott, Oboe, Klarinette) entsteht der Ton dadurch, daß ein hölzernes Rohrblatt (meist

73

aus Bambus-Rinde geschnitten) die Tonsäule durch Anblasen (an ein Mundstück) in Schwingungen versetzt. Die unterschiedlichen Tonhöhen (Verkürzung der Tonsäule) entstehen durch Löcher, wie bei der Flöte, der Klarinette, dem Fagott, der Oboe (bei dieser sind es zwei zusammenstehende Rohrblätter). Diese werden mit den Fingern (oder Klappen) geschlossen. Diese Instrumente spielen allerdings, außer der Klarinette im frühen Jazz und in der Swingzeit, im Jazz kaum eine Rolle.

Und das Saxophon? Das besteht ja nun nicht gerade aus Holz! Ist das nicht aus Messing?

Meistens. Manchmal sind Saxophone auch aus Silber (oder aus Plastik! Selbst der große Charlie Parker hatte so eins), was natürlich den Klang beeinflußt. Als der Belgier *Adolphe Sax* seinerzeit besonders laute Instrumente für die Militärkapellen entwickeln wollte (die mit der Trompete mithalten konnten), orientierte er sich, was die Tonerzeugung betrifft, an der Klarinette. Die Saxophone haben ebenfalls ein Mundstück, ein Rohrblatt, das die Schwingungen erzeugt, und der *Corpus* hat ebenfalls Löcher zur Verkürzung der Tonsäule, die durch Klappen geschlossen werden können. Durch die vielen Gelenke, Schrauben, Stangen, Klappen, die nötig sind, damit man mit den Fingern das relativ große Instrument bedienen kann, besteht ein Saxophon aus ungefähr 700 Einzelteilen...

Durch die Krümmungen wirken die Saxophone ja nicht so groß, wie sie tatsächlich sind. Wie lang ist denn so ein Saxophon, bzw. wäre es, wenn man es auseinanderbiegen würde?

Das kommt darauf an, wie „hoch" oder „tief" es ist. Das kleinste, das *Sopransaxophon*, ist gerade und 65 cm lang (der tiefste Ton ist ein b^0), das gebogene *Altsaxophon* (tiefster Ton es^0) ist 102 cm lang, das *Tenorsaxophon* (tiefster Ton B) ist 131 cm lang und das *Baritonsaxophon* (tiefster Ton Es) ist 214 cm lang. Es gibt ein noch kleineres (*Sopranino*) und ein noch größeres (*Bass-Saxophon*), aber die spielen im Jazz praktisch keine Rolle. Ich habe mal ein *Bass-Saxophon-Quartet* namens *Deep Schrott*[32] gehört; die Musik war geradezu umwerfend. Zum Vergleich: Das *Alphorn*, das in der alpinen Volksmusik (und auch der Kunstmusik) gespielt wird, ist übrigens 345 cm lang – und gerade.

Bariton-, Tenor- und Altsaxophon

Die *Klarinette* kommt im modernen Jazz kaum noch vor, dafür gelegentlich die *Querflöte*.

Jetzt fehlen noch die Saiten-Instrumente.

Weil bei den Saiten-Instrumenten mehrere Töne gleichzeitig gespielt werden können, also auch Akkorde, liefern sie das harmonische Gerüst. Das *Klavier* mit seinen 88 Tasten (manchmal als elektrisch verstärktes *Keyboard*), die Gitarre mit ihren sechs Saiten (das Banjo hat vier). Auf dem *Kontrabaß*, meist nur als *Baß* bezeichnet, werden selten Akkorde gespielt; das ist bei der Länge des Griffbretts, des „Halses", auch schwierig. Er spielt die Akkorde aufgelöst oft als *Kontrapunkt*, wie man in der europäische Musik sagt.

---

[32] Deep Schrott: *Stearway to heaven* (LP *One*)
    https://www.youtube.com/watch?v=Nf-a9kAy_qI

Die *Gitarre* dient ebenfalls der harmonischen Fundierung, im älteren Jazz fast ausschließlich. Im Modernen Jazz, seit der Bebop-Zeit, ist sie oft auch ein Solo-Instrument.

Keyboard

Die *Orgel* ist ein Sonderfall, weil sie ein Tasteninstrument ist, wie das Klavier, aber die Tonerzeugung wie bei Holzblasinstrumenten erfolgt, mit den bekannten Orgelpfeifen.

Hammond-Orgel

Im Jazz wird aber nicht die Kirchenorgel gespielt, sondern eine elektrische, meist die sog. *Hammond-Orgel*, die nach ihrem

Erfinder *Laurens Hammond* benannt ist. Das war 1934. Sie hat keine Pfeifen, sondern der Ton wird elektrisch erzeugt. Legendär ist die „Hammond B3", die alle großen Organisten des Jazz spielen.

Zu den Harmonieinstrumenten zählt im modernen Jazz auch das *Vibraphon*, das an ein Xylophon erinnert; nur daß die klingenden Röhren hängen und durch einzelne kleine, elektrisch betriebene Ventilatoren moduliert werden. Man spielt mit zwei (oder virtuos sogar vier) Klöppeln auf einer klavierähnlichen, mehrere Oktaven umfassenden metallischen Tastatur. Es wurde in den Zwanziger Jahren des 20. Jahrhundert entwickelt und kommt gelegentlich im Swing (*Lionel Hampton*) und im modernen Jazz zum Einsatz.

Vibraphon

Klavier (à la *Edward Hopper*)

Und das Schlagwerk?

Im Jazz sagt man Schlag*zeug*, und es hat eine ganz wichtige Funktion. Es liefert nicht nur den durchgehenden Rhythmus, an dem sich die anderen Musiker orientieren, sondern durch seine Bestandteile kann es auch so etwas wie Melodien erzeugen. Anders als in der europäischen Musik, hat es eine klar definierte Zusammensetzung (die allerdings neuerdings auch variiert wird).

Die von einem Pedal getriebene große *Basstrommel*, liefert den Grundrhythmus, die „Snare" („Schnarr") wird mit zwei hölzernen Stöcken gespielt und wirkt durch schnarrende Accessoires; daneben steht aufrecht die größere *Tomtom*, sie wird auch mit den Stöcken gespielt.

Und die Becken?

Da gibt es ein hängendes Becken (*Ride Cymbal*), das meist auch den Rhythmus vorgibt, und ein doppeltes Becken, das an einem Stab sitzt. Und wo der klassische *Percussionist* zwei Hände braucht, um zwei Becken gegeneinander zu schlagen, benutzt der Jazz-Schlagzeuger ein zweites Pedal, das das obere

Becken gegen das untere schlägt. Diese kleine Maschine heißt im Musikerjargon *Hi hat* oder *Charleston*.

Man kann sich vielleicht vorstellen, daß der Schlagzeuger unter Einsatz seiner zwei Hände und zwei Füße, neben der Aufgabe, einen durchgehenden Rhythmus zu liefern, mit diesen Instrumenten komplexe rhythmische Figuren spielen kann, insbesondere, wenn man ihn zeitweise von der Basisfunktion entlastet, so daß er ein Solo gestalten kann.

Ich verstehe, daß die Musiker sich über Einzelheiten ihres Vorgehens absprechen können, was bei, sagen wir, drei bis sieben Musikern vermutlich auch ganz gut geht. Wie ist es aber bei größeren Orchestern?

Schlagzeug

Das ist in der Tat ein Problem. Mehr Musiker bedeuten größere Klangvielfalt, aber auch erschwertes Zusammenspiel. Beginnend in den Zwanziger Jahren, aber vor allem in den Dreißigern wurden die Orchester immer größer, was zur Folge hatte, daß die Noten aufgeschrieben wurden, d. h. Stücke wurden komponiert und für die Aufführung *arrangiert*. Innerhalb der

Stücke wird auch immer den Solisten Raum für Improvisationen gegeben.

Wieviele Musiker spielen denn in Ihrer Big Band?

Wir spielen in der Besetzung, wie sie sich in den Dreißiger Jahren herausgebildet hat und heute als Standard gilt: Wir sind fünf Saxophone: zwei Alt-, zwei Tenor-, ein Baritonsaxophon. Vier bis fünf Mitglieder spielen Trompete, vier Posaune, davon eine Baßposaune.

Und die Rhythmusgruppe besteht aus dem Pianisten, dem Kontrabassisten, dem Schlagzeuger und dem Gitarristen. Dazu kommen noch zwei Sänger (die auch ein Instrument spielen) und zwei Sängerinnen. Also ungefähr 17 Musiker/innen, die Sängerinnen und der Dirigent. Macht zusammen etwa 20 Personen.

Das ist ja eine ganze Menge! Und wie stellen Sie sicher, daß alle harmonisch zusammenspielen?

Die meisten Stücke sind schriftlich fixiert. Man kann sie käuflich erwerben; es sind meist ein bis vier Seiten für jedes Instrument. Tatsächlich *muß* man sie erwerben; aus Urheberschutzgründen sind Fotokopien nicht erlaubt.

Was kostet denn so ein Stück?

Für den kompletten Satz eines Titels, mit Noten für alle Instrumente und den Dirigenten, muß man durchschnittlich etwa 60 Euro ausgeben, manchmal mehr. Bei einem Repertoire von, sagen wir, 100 Stücken, kommt da eine ganze schöne Summe zusammen. Einige Titel hat unser Dirigent komponiert und arrangiert, die gibt's dann natürlich umsonst...

Wenn da so viel „aufgeschrieben" ist, wo bleibt da die Improvisation, die doch für den Jazz typisch ist?

Der Komponist oder Arrangeur eines Stückes läßt neben den „Tutti"-Passagen, bei denen alle Musiker/innen gefordert sind, Raum für Solisten, die dann zusammen mit der Rhythmusgruppe einen oder mehrere „*Chorusse*" spielen, während derer sie über die Harmonien des Stückes improvisieren (mehr über das Improvisieren im nächsten Kapitel). Die „Chorusse" sind in der Regel 32 Takte lang. Der Rest der Band spielt dann oft harmonisch dazu passende „*Backings*" dazu.

Übers Improvisieren

Ich würde mich gern mit Ihnen über das Improvisieren unterhalten, das ja ein Charakteristikum des Jazz zu sein scheint. Für den Laien oder Außenstehenden hört es sich manchmal so an, als sei sprichwörtlich „alles erlaubt", aber das kann ja kaum so sein, wenn man mit anderen zusammenspielt. Wenn jeder so spielen würde, wie es ihm gerade in den Sinn kommt, dürfte das ja ziemlich chaotisch klingen, dissonant, schräg, und den Hörer schon mal gleich in die Flucht schlagen.

Allerdings hat schon Bach auf der Orgel improvisiert, und die klassischen Kadenzen waren auch frei erfunden. Fantasieren nannte man das damals. Jazzmusiker waren also nicht die ersten Improvisateure.

Was spielt beim Improvisieren eine Rolle?

Die eigentliche Erfindung ist die Melodie. Sie kann „schön" sein, dramatisch, ausdrucksvoll und so weiter. Wenn Kinder vor sich hin trällern, ist das gewissermaßen schon die Urform des Improvisierens.

Aber das Trällern reicht sicher nicht aus, wenn man mit anderen zusammenspielt!

Nein. Man muß erst die „Sprache" festlegen, in der man trällert. Das sind die Tonarten, die wir schon weiter oben (auf S. 18/19) angesprochen haben. Sie sind z. T. ähnlich wie in der europäischen Musik: Dur, (äolisch) Moll, Pentatonisch, Flamenco, arabisch Moll, die sog. Kirchentonarten wie Dorisch und Mixolydisch. Sie können auf allen 12 Tonstufen einer Oktave (d.h. einschließlich der Halbtöne – die schwarzen Tasten auf dem Klavier) beginnen. In der Praxis werden aber nicht alle verwendet. Das ist nicht anders als in der europäischen

Musik, vgl. die „h-moll-Suite". Die Tonart bestimmt die „Stimmung" des Stückes.

Das wußten übrigens schon die alten Griechen *Platon* und *Aristoteles*: im *Staat* von Platon wird diskutiert, welche Tonart (ionisch, dorisch, phrygisch, lydisch usw.) zu welcher Stimmung paßt, und welche zum Trinkgelage und welche zur Begleitung kriegerischer und überhaupt gewaltsamer Tätigkeit geeignet ist, und welche Instrumente (z. B. Flöte, Kithara, Lyra) dabei verwendet werden können.

Das ist also noch nicht spezifisch für die Jazzmusik.

Nein. Das „Jazzige" entsteht durch die Swing-Phrasierung (vgl. S. 13/14): 2 Achtel werden nicht gleich lang gespielt, sondern im Verhältnis 2:1. In der klassischen Synkopierung („punktiert") haben zwei Achtel ein Längenverhältnis von 3:1; sie kommt im „alten" Jazz vor: Dixieland, New Orleans vor. Das gilt nicht nur für das Improvisieren; auch festgeschriebene, arrangierte Jazzmusik wird meist so gespielt. Das ist in der Tat typisch für den Jazz. Allerdings: Von der Rock-Musik beeinflußter Jazz („Jazz-Rock") und „Latin"-Stücke werden dagegen „gerade" gespielt: ein Achtel ist ein Achtel...

Was hat es denn mit den viel genannten „Changes" auf sich?

Wenn mehrere Musiker zusammenspielen, müssen sie sich aufeinander abstimmen, d. h. Noten spielen, die zueinander „passen", und passen tun sie, wenn sie zu einem bestimmten Akkord gehören:

Akkord?

Akkorde sind Mehrklänge, die man auch in der europäischen Musik kennt. Dabei stehen die Töne eines Akkords, z. B. eines Dreiklanges, eine Terz auseinander. In der C-Dur-Tonleiter wäre das c-e-g, und in der c-Moll-Tonleiter c-es-g, also erst eine kleine Terz (c-es) und dann eine große (es-g). Im Jazz denk man meist in Vierklängen, also z.B. c-e-g-h in C-Dur und in der häufig verwendeten „mixolydischen" Tonart c-e-g-b, also mit einem um einen Halbton „erniedrigten" h, also dem 7. Ton). Um harmonische Vielfalt in den Verlauf zu bringen, „wechselt" man von Takt zu Takt den Akkord (oder auch nicht).

Das sind also die Changes.

Und diese Changes sind charakteristisch für ein bestimmtes Stück. Sie liefern den Tonvorrat für den Improvisator. Natürlich spielt er nicht immer nur in Drei- bzw. Vierklängen, sondern benutzt auch dazwischenliegende Töne, die ja nicht „stören". Außerdem enthalten viele Vierklänge ja teilweise dieselben Töne.

Wie sieht denn z. B. eine solche Folge von Changes aus?

Das einfachste ist das Blues-Schema, an das sich schon die alten Blues-Musiker in der Frühzeit des Jazz gehalten haben. Nehmen wir einen Blues „in C". Das Schema besteht aus 12 Takten (3 Vierer-Gruppen), die sich wiederholen:

(1) 4 Takte C-Dur (in der europäischen Musik: „Tonika", I. Stufe),
(2) 2 Takte F-Dur (IV. Stufe, „Subdominante"), 2 Takte C-Dur, Tonika,
(3) 1 Takt G-Dur (V. Stufe, „Dominante"), 1 Takt F-Dur (IV. Stufe, Subdominante), 2 Takte C-Dur (I. Stufe, Tonika).
Der letzte Takt kann, als Übergang zur nächsten Gruppe, wieder G-Dur (V. Stufe) sein.

Sieht nicht so einfach aus.

Ist es aber, ist nur vielleicht schwer zu erklären. Das Ganze kann auf allen 12 Tönen der Tonleiter geschehen, dann ist es z. B. „ein Blues in G", wenn die I. Stufe ein G-Dur-Akkord ist. In der Praxis werden aber nicht alle Töne als Ausgang benutzt. Ein „Blues in Fis" dürfte ziemlich selten sein.

Wie paßt nun dieses Denken in Akkorden, also Changes, zusammen mit der freien Erfindung der Melodie, das Sie mit „Trällern" von Kindern verglichen haben.

Die Musiker haben nach einiger Erfahrung diese Changes (und andere) „im Blut" oder „im Hinterkopf", wenn sie spielen. Die Melodieführung geht dann so, daß deren Töne zu den Akkorden „passen". Das ist nicht so schwer, wie gesagt, weil die einzelnen Töne in mehreren verschiedenen Akkorden vorkommen. In der akademischen Ausbildung wird offenbar sehr viel Wert auf die Akkordlehre gelegt: dann gehen die jungen Musiker von den Akkorden aus und spielen diese „rauf und runter". Das wirkt dann zuweilen tatsächlich etwas „akademisch".

Die Kreativität liegt also darin, einen gewissen Ausgleich zwischen dem Akkordverständnis und der Melodie-Erfindung zu finden.

Genau. Das machen „die Großen" nicht anders. Ich habe mal gelesen, daß einer der großen Tenorsaxophonisten der Swing-Zeit, *Coleman Hawkins*, beim Improvisieren eher von dem Akkordgerüst ausgeht, während sein großer „Rivale" *Lester Young* eher ein Melodiker ist.

Kann man das tatsächlich hören?

Durchaus. Natürlich machen beide beides und deswegen klingen sie gar nicht so verschieden. Aber wenn man darauf achtet, kann man unterschiedliche Auffassungen von Jazz-Solos bemerken.

Sie haben von dem „einfachen" Akkord-Schema des Blues gesprochen. Wie sehen denn andere aus?

85

Zunächst noch einmal: das Blues-Schema gibt es nicht nur bei den „alten" Blues-Gesängen. Wenn ein Jazz-Stück die gleichen Harmonie-Schemata benutzt, spricht man auch vom Blues.

Viele Stücke sind aber keine Blues, sondern, wie ich gehört habe, Standards.

Oder Originalkompositionen. Standards sind oft gespielte Stücke, die jede(r) kennt. Oft entstammen sie dem „Great American Songbook", das kein reales Handbuch ist, sondern eine virtuelle Sammlung von Titeln, die seit den 20er Jahren in populären Musicals, Filmen usw. vorkommen. Je nach Definition sind das etwa 50-60 Titel.

Wie sind die denn harmonisch aufgebaut?

Oft folgen sie einem A-A-B-A-Schema. Teil 1,2 und 4 sind harmonisch ähnlich aufgebaut, Teil 3 weicht davon ab.

Können Sie ein Beispiel nennen?

Beliebt ist z. B. *What is this thing called love*, das *Cole Porter* 1929 für die Show *Wake up and dream* geschrieben hat. Daran haben sich alle Großen (und auch die Kleinen) versucht[33]. Der Pianist *Tadd Dameron* hat die Harmonien genommen und ein neues Stück darüber geschrieben, das er *Hot House* nannte – auch ein beliebtes Stück unter den Bebop-Musikern, z.B. *Charlie Parker*[34].

Im *Realbook* sieht das so aus (auf der folgenden Seite):

---

[33] Ella Fitzgerald; *What is this thing called love?*
https://www.youtube.com/watch?v=qo2P7AhMbxk
[34] Charlie Parker (m. Dizzy Gillespie): *Hot House* (1952)
https://www.youtube.com/watch?v=Lq8-Jgh3zVw

Im Amerikanischen ist es üblich, „moll" durch ein Minuszeichen zu kennzeichnen. Das H wird B geschrieben, das B folglich B^b. Die Zahlen bezeichnen den Akkord: D^7 ist also ein Septakkord. Wenn irgendwo b7 steht, wird der entsprechende Ton (in diesem Fall der 7.) erniedrigt.

Changes von *What is this thing called love*
im *Realbook* für B^b-Instrumente

Ich habe mal etwas von „Rhythm Changes" gehört. Was hat es damit auf sich? Changes beziehen sich doch eher auf die Harmonien als auf den Rhythmus!

Das ist Musikerjargon. George Gershwin (der Komponist der „Jazz-Oper" *Porgy and Bess* und der *Rhapsodie in Blue*) hat 1930 für das Musical *Girl Crazy* einen Song verfaßt, dessen Harmonien seitdem von hart arbeitenden Jazzmusikern immer wieder zu Übungszwecken durchgespielt werden und die auch zur Grundlage weiterer Titel wurden. Der Song heißt *I got Rhythm*[35], daher spricht man von *Rhythm Changes*.

Der Einfachheit halber zitiere ich aus *Wikipedia*:

Der Aufbau des Akkordschemas von I Got Rhythm *hat an vielen Stellen Eingang in den Jazz gefunden. Ein A-Teil hat acht Takte, die Funktionen je Takt sind:*
   T (Tonika) | T | T | T | S (Subdominante)| S | T | T .
In der Bridge, dem achttaktigen B-Teil, je Takt:
   |[D (Dominante) | D]|[D | D]|[D | D] | [D | D]|
wobei jede Dominante alle zwei Takte im Quintfall (also jeweils wie eine Doppeldominante) von der vorhergehenden erreicht wird. Die erste Dominante steht auf der 3. Stufe der Tonalität und ist die Dominante der Tonikaparallele, der parallelen Molltonart.
Die subdominantische Variante lautet:
   | S | S | S | S | D | D | D | D .
Konkret für das folgende Beispiel:
   | ZwD | ZwD | S | S | D_D | D_D | D | D .
Ein explizites Beispiel für den A-Teil:
	Bb6/ Gm7/	Cm7/ F7/	Bb6/ Bb°7b/	Cm7/ F7/
Bb6/ Bb7/	Eb6/ Ebm6/	Bb6/ F7/	1. Bb6/ F7/ :	
2. Bb6///	

---

[35] George Gershwin: Plays I got rhythm (1931)
    https://www.youtube.com/watch?v=oQdeTbUDCiw

„1." bezeichnet den Takt für den ersten Durchlauf, *„2."* denje-
nigen für den zweiten und dritten am Schluss. Weiter veränderte Variationen mit ersetzten Akkorden sind üblich.
Der B-Teil:
in der dominantischen Variante
  || D7/// | D7/// | G7/// | G7/// | C7/// | C7/// | F7/// | F7/// ||
in der subdominantischen Variante
  || Bb7/// | Bb7/// | Eb6/// | Eb6/// | C7/// | C7/// | F7/// | F7/// ||

Kapiert? Jedenfalls haben Sie hier einen Einblick in den Musi-
ker-Jargon – und vielleicht eine Vorstellung davon, was die
angehenden Jazzer auf der Musikhochschule lernen müssen.

*Wie kann man nun verhindern, daß einem das Spiel zu schema-
tisch gerät, zu sehr an den Regeln orientiert?*

Das kann natürlich passieren. Und allgemein gültige Regeln für
Kreativität gibt es sicher nicht. Aber es gibt Hilfsmittel. Denn
man muß sich nicht jedes Mal etwas Neues ausdenken. Es gibt
so etwas wie ein *Vokabular*, von Elementen, die von den Musikern *"Licks"* genannt werden. Es gibt Motive, Phrasen, Ver-
satzstücke, wie immer man das nennen will, die man kombinie-
ren kann. Es gibt z. B. typische „Blues licks", die aus Elementen der Blues-Skala aufgebaut sind.

Zu Beginn der Musikerlaufbahn weiß man manchmal nicht
so recht, „was man jetzt spielen soll". Dafür gibt es Handbü-
cher (eher -hefte), z. B. für Saxophonisten von *Lennie Niehaus*,
aus denen man typische Jazz- und Blues-Phasierungen lernen
kann.

Auch der *Rhythmus* bietet Variationsmöglichkeiten. Man
spielt nicht immer gleichmäßig Ton für Ton, sondern baut
rhythmische Varianten ein. Bei gleichbleibendem Grundrhythmus, den die Rhythmus-Gruppe liefert, kann man im
Melodiefluß unterschiedliche Akzente setzen, spielt die einzelnen Noten kürzer oder länger, spielt „laid back" (etwa: „zu-
rückgelehnt"), d.h. setzt seine Akzente etwas „hinter" dem

Beat, d. h. dem Taktschlag, oder „treibend": etwas vor dem Beat. Oder man übernimmt Elemente aus lateinamerikanischer Musik, baut Triller ein, spielt auf den 3. und 4. Schlag eines Taktes, statt auf dem 1. und 3. („off beat").

Man benutzt stilistische Elemente wie Spannung/Lösung, Einfügen langer Töne, verstärkt die „Intensität", z. B. durch Wiederholungen, Variationen in der Lautstärke. All das geschieht mit zunehmender Erfahrung, ohne daß man jedesmal darüber nachdenken muß. Es liegt einem dann gewissermaßen in den Fingern.

Es kann auch helfen, sich in die „Atmosphäre" eines Stückes zu versetzen. Blues handeln oft von Liebesklage, Verlassenwerden, Not des Alltags. Manche implizieren Liebesszenen (z.B. *Besame mucho*"), bei *Spain* oder *La Fiesta* kann man an die entsprechende Szenerie denken. Und so weiter.

Gibt es technische Hilfsmittel, mit den man „üben" kann, ohne sich gleich ins kalte Wasser werfen zu lassen?

Es gibt Platten bzw. CDs, auf denen eine prominent besetzte Rhythmus-Gruppe mit deutlich hörbaren Akkorden bestimmte Stücke spielt, zu denen der Lernende dann improvisiert. Das gibt es, wie früher erwähnt, heute auch als App fürs Smartphone, das man dazu an seinen Radio-Verstärker anschließen kann. Das heißt dann "iRealbook". Früher transkribierten Musiker mühsam Soli von der Aufnahme und mußten dazu alle Augenblicke den Plattenspieler anhalten. Heute gibt es Bücher mit den berühmten Soli von *Charlie Parker, John Coltrane* und anderen Großen, aus denen man dann durch Nachspielen lernen kann.

Ich bin beeindruckt. Verglichen mit der laienhaften Vorstellung, daß man beim Improvisieren einfach loslegt, erfordert das ja intensive Vorbereitung!

Frauen im Jazz – die Genderfrage

It's a man's, man's, man's world
(But what would he do without a woman)
(James Brown[36])

Wenn man die Liste der großen Jazzmusiker sieht, die Sie sie selbst gehört haben, könnte man denken, daß Jazz eine Musik ist, die im Wesentlichen von Männern gemacht ist. Auch sonst habe ich wenig von Frauen gehört, die sich im Jazz hervorgetan haben.

Das ist leider so, und das hat seine Gründe, die nichts mit Können und Kompetenz zu tun haben. Über lange Zeit sind es vor allem Pianistinnen gewesen, die eine wesentliche Rolle gespielt haben. So saß schon in den Zwanziger Jahren eine Frau am Klavier in *Louis Armstrongs* berühmter Hot Five (und schon vorher in King Olivers Band): *Lil Hardin* (1898-1971), die eine Universitätsausbildung als Pianistin hatte. *Louis Armstrong* war von 1924 bis 1938 mit ihr verheiratet. In den Dreißiger Jahren wurden *Marie Lou Williams* und *Marian McPartland* (die aus England stammte) bekannt. Aber es waren tatsächlich nur wenige.

Fehlte es da an Chancengleichheit?

Das kann man wohl sagen. Man muß sich die Lebens- und Arbeitsbedingungen von Jazzmusikern in den ersten 60 Jahren der Jazzgeschichte vorstellen. Die Arbeitszeit reichte vom frühen Abend bis in die Nacht oder die Morgenfrühe. Die Arbeit fand meist in, oft übel beleumdeten, Nachtclubs statt, das Abendbrot bestand gern aus Alkohol und Drogen. Hinzu kamen Tourneen, die die Musiker über Wochen und Monate von

---

[36] James Brown: *This is a man's man's man's world*
https://www.youtube.com/watch?v=H77fRz1rybs

zuhause fernhielten. Und schwarze Frauen hatten es da noch schwerer als schwarze Männer ohnehin.

Um so bewundernswerter, daß es manche Frauen überhaupt schafften. So nötigte die Trompeterin *Valaida Snow* selbst *Louis Armstrong* Respekt ab[37]. Und die Frauen-Big Band *International Sweethearts of Rhythm* hatte in den Vierziger Jahren einen gewissen Erfolg. Sie war als Schulorchester eines Internats für Waisen- und andere arme Mädchen entstanden und bestand bemerkenswerter Weise aus schwarzen und weißen jungen Frauen. Erfreulicherweise kann man sich heute auf *Youtube* davon überzeugen, daß sie im Stil der Zeit wirklich gute Musik gemacht haben[38].

Hat sich das dann später geändert?

Zunächst nur in Einzelfällen. Schon zu Zeiten des Bebop, seit den Vierziger Jahren, war die Posaunistin *Melba Liston*[39] auch als Arrangeurin erfolgreich, Ebenso *Vi Redd*, die sich an *Charlie Parker* orientierte[40]. Grundsätzlich hat sich wohl erst etwas getan, seit Jazzmusiker auch an Musikhochschulen und Universitäten ausgebildet werden. Einer Untersuchung zufolge sind in Deutschland heute ungefähr 20 Prozent der Jazzmusiker Frauen – sie sind also immer nach unterrepräsentiert. Aber es gibt inzwischen doch eine Reihe bekannter Frauen im Jazz, und zwar auf allen Instrumenten. Auch als Leiterinnen von Big

---

[37] Valaida Snow: *Lady be good*
https://www.youtube.com/watch?v=A8oWpBOa8vM&list=RDUfq
ZAv3slNM&index=4
[38] *International Sweethearts of Rhythm:*
https://www.youtube.com/watch?v=WczP3PyHt20&list=RDWczP
3PyHt20&t=12
https://www.youtube.com/watch?v=pHjJz6TAgT0 (m. *Tiny Davis*)
https://www.youtube.com/watch?v=uN7xU11_gS4
[39] Melba Liston:*Blues Melba*:
https://www.youtube.com/watch?v=bPmX3xt8rVM
[40] Vi Redd: *Now's the time*:
https://www.youtube.com/watch?v=1ZS7JYwPozU

Bands, die in ihren Arrangements auch innovative Komponistinnen sind, sind einige hervorgetreten: *Toshiko Akiyoshi*[41], *Carla Bley*[42], *Maria Schneider*[43].

Aber Männer sind offenbar immer noch in der Mehrheit. Und wenn man bedenkt, daß es auch in der klassischen Musik noch in den 80er Jahren des vorigen Jahrhunderts der Autorität von Meister Karajan bedurfte, um Sabine Meyer als Solo-Klarinettistin der Berliner Philharmoniker durchzusetzen ...

Dann bleibt noch viel zu tun. Immerhin haben in den Amateur-Big Bands, in denen ich gespielt habe, die Frauen zeitweise fast die Parität erreicht, im Trompetensatz sogar die Mehrheit...

Noch ein Wort zum Gesang. Da sieht es offenbar anders aus.

In der Tat. Als der Blues auf den Baumwollfeldern des amerikanischen Südens entstand, galt noch 1 Mann + 1 Gitarre = 1 Blues-Band. Aber schon in den Zwanziger Jahren waren die Blues-Sängerinnen, die mit Jazz-Bands spielten, obenauf, allen voran die Kaiserin: *Bessie Smith*, „the Empress of the Blues". Aber sie war nicht einmal die erste. Und dann beherrschten die großen Damen die Szene, von *Ella Fitzgerald* über *Billie Holiday* und *Sarah Vaughn* zu *Dee Dee Bridgewater* und *Cassandra Wilson*... Die Männer, die als große Jazz- oder Blues-Sänger angefangen hatten, waren dann oft auch in der Popwelt erfolgreich, wie *Nat King Cole*[44], *Frank Sinatra*[45] oder *Ray Char-*

---

[41] Toshiko Akiyoshi: *Tunin' up* (LP *Road Time*, 19vv)
https://www.youtube.com/watch?v=dDWuCIQZMCo
[42] Carla Bley Big Band: *Lost in the stars* (*Music of Kurt Weill*, arr. by Carla Bley)
https://www.youtube.com/watch?v=NXItZTgWGes&list=RD7lrdu 20CXJU&index=2
[43] Maria Schneider & WDR Big Band: *Allégresse*
https://www.youtube.com/watch?v=nQeQ85rtV9M
[44] Nat King Cole: *Route 66*
https://www.youtube.com/watch?v=UCeGi6a-eK4

les[46]. Aber das wäre ein anderes Kapitel. Die Männer sind im Vergleich sogar bekannter: Die Big Band-Sänger *Cab Calloway[47]* und *Jimmy Rushing[48]* waren's schon in den 30er und 40er Jahren, später *Joe Williams[49]* und *Oscar Brown Jr[50].*, den ich besonders schätze, weil er nicht nur „Standards" interpretiert hat, sondern auch eigene und Jazz-Adaptionen, z. T. recht witzige.

Noch eine Frage: der Titel, der als Motto über diesem Abschnitt steht, könnte wohl entweder als „male chauvinist" oder als Klage über die Zustände verstanden werden. Da das Stück gern von der Soul-Legende James Brown gesungen wurde, der auf der Bühne doch sehr macho-mäßig rüberkam, muß man wohl das erstere annehmen.

Nicht unbedingt. Die Nummer hat seine zeitweilige Lebensgefährtin *Betty Jean Newsome* geschrieben, und die hat das Stück wohl eher kritisch gemeint. Man bedenke auch, daß es schon 1966 entstand.

Heute sieht das anders aus?

Im Zeitalter der „Akademisierung" des Jazz kann man das in der Tat sagen. Heute gibt an vielen Colleges in den USA Jazz-Studiengänge (z.B. das berühmte Berklee College), auch in

---

[45] Frank Sinatra: *Bad bad Leroy Brown*
https://www.youtube.com/watch?v=gdZtOvUBGcw
[46] Ray Charles: *Georgia on my mind*
https://www.youtube.com/watch?v=QL3EZwSJAh0
[47] Cab Calloway: *Minnie the moocher.*
https://www.youtube.com/watch?v=8mq4UT4VnbE
[48] Jimmy Rushing. *Sent for you yesterday.*
https://www.youtube.com/watch?v=mU2Mh85JNiU
[49] Joe Williams m.Count Basie:*Everyday I have the blues.*
https://www.youtube.com/watch?v=L31pDORVifQ
[50] Oscar Brown jr.: *But I was cool* (LP *Sin and Soul*, 1960)
https://www.youtube.com/watch?v=z4yEyDjclo4

Deutschland und anderswo. Das Jazz-Magazin *downbeat* führte 2019 für die USA 250 Jazz-Studiengänge auf. Und da studieren Frauen und Männer gleichermaßen.

Dabei sind dann auch vermutlich nicht nur Sängerinnen und Pianistinnen?

Es gibt immer noch Pianistinnen, die zugleich Sängerinnen sind: *Diana Krall, Eliane Elias.* Aber es gibt auch „reine" Pianistinnen: *Joanne Brackeen*, in Deutschland *Julia Hülsmann* (Jg. 1968). Und zu den Hammond-Organistinnen zählen *Shirley Scott*[51], die in Paris lebende (und deshalb nicht so bekannte) *Rhoda Scott*[52], und unsere *Barbara Dennerlein*[53],

Ich nenne mal einige andere Instrumentalistinnen. Trompete spielt die oben schon erwähnte *Ingrid Jensen* (Jg. 1966). Dann sind da die Bassistin und Sängerin *Esperanza Spaulding*[54] (Jg. 1984), die Schlagzeugerinnen *Terry Lyne Carrington* (Jg. 1965) und *Marilyn Mazur* (Jg. 1955), die Flötistin *Bobbi Humphrey*[55] (Jg. 1950), *Jane Bunnett* (Jg. 1955, Sopransaxophon). Aber es sind immer noch vergleichsweise wenige. Die *Arrangeurinnen* und Bandleaderinnen *Carla Bley* und *Maria Schneider* habe ich schon erwähnt. Die neueste Gruppe (2020) heißt *ARTEMIS*[56], die, unter der musikalischen

---

[51] Shirley Scott: *Sister Sadie* (LP *Shirley Scott plays Horace Silver*, 1961)
https://www.youtube.com/watch?v=I-WT28yWSDQ

[52] Rhoda Scott: *Moanin'* (LP *A l'orgue Hammond. Take a ladder*, 1968)
https://www.youtube.com/watch?v=m-YdNmcBAmQ

[53] Barbara Dennerlein: *Organ Boogie.*
https://www.youtube.com/watch?v=xitANInTPGE

[54] Esperanza Spalding: On the sunny side of the street
https://www.youtube.com/watch?v=TQtXo4tiZxs

[55] Bobbi Humphrey: *Spanish Harlem* (LP *Flute-in*, 1971)
https://www.youtube.com/watch?v=42eBLroEPJI&list=OLAK5uy
_me-fHVD46Yj0h9TOtnCu1z5Y5TBdyvlSA&index=5

[56] ARTEMIS: *Cry, little buttercup, cry.*

Leitung der Pianistin *Renee Rosnes*, aus sieben Frauen besteht, darunter die Trompeterin *Ingrid Jensen* und die Sängerin *Cécile McLorin Savant*.

Plattencover (1981)

Lesen über Jazz

Hören – ja, ist klar, aber kann man auch was über Jazz lesen?

Unsere Generation ist, soweit sie den Jazz betrifft, aufgewachsen mit *Joachim-Ernst Berendts* „Jazzbuch", das erstmalig 1953 erschien. Berendt (Jg. 1922) war Redakteur beim 1945 neugegründeten Südwestfunk und leitete dort die Jazzredaktion. Sein Buch war die erste umfassende Darstellung des Jazz in Deutschland und war jahrelang die „Bibel" für die deutschen Jazzfreunde. Es erscheint bis heute, inzwischen in der 7. Auflage, ständig erweitert und vergrößert – der Jazz hat sich ja auch in den Jahrzehnten seit 1953 weiter entwickelt – und umfaßt nunmehr 944 Seiten. Meine Ausgabe von 1957 hatte noch 239 Taschenbuch-Seiten... Berendts späte Hinwendung zum Spirituellen und zur sog. Weltmusik („Das dritte Ohr - vom Hören der Welt") haben wohl die meisten Jazz-Liebhaber nicht mit vollzogen. Er starb im Jahre 2000 fast 78jährig bei einem Verkehrsunfall in Hamburg.

Es gibt natürlich weitere Bücher musikwissenschaftlicher (z. B. von *Frank Sikora* „Neue Jazz.Harmonielehre", einen 586-Seiten-Schinken) oder biographischer Art, aber sie aufzuführen, würde doch etwas zu weit führen. Der „Penguin Guide to Jazz on CD" umfaßt in der 6. Auflage auch schon 1730 kleingedruckte Seiten. Wer will (oder kann) das alles lesen? Vielleicht jemand, der (nach einem Vorschlag in der 8. Auflage) eine Sammlung mit den 200 wichtigsten CDs aufbauen will...

Wer sich über die Musiker informieren will, greift zu einer der zahlreichen Biographien von *Ellington* bis *Coltrane*. Immer noch lesenswert ist die Sammlung von Musiker-Erinnerungen „Jazz erzählt[57]" (im Original: „Hear me talkin' to ya'")

---

[57] s. Literaturverzeichnis

Und wie ist es mit Zeitschriften?

Da gab es in den 50er Jahren eine Art deutsche Variante des „*Playboy*", ein kleinformatiges Magazin namens „*Die Gondel*", aus heutiger Sicht ein rührend harmloses Erotikmagazin (50er Jahre!). Das hatte in der Mitte eingeheftet ein paar Seiten unter der Überschrift „*Jazz-Echo*", ein richtiges kleines Jazz-Magazin, mit Artikeln aus der Szene, Plattenbesprechungen usw. Ich hatte da Zugang, weil mein Vater, als Oberstaatsanwalt zeitweise für das „Sonderdezernat Schmutz und Schund" zuständig (was natürlich nichts mit dem Jazz-Echo zu tun hatte, sondern mit der Verworfenheit der „Gondel"), mir als jugendlichem Jazzfan die Hefte weitergab, die noch längere Zeit nach einem einschlägigem juristischen Verfahren auf seinem Schreibtisch landeten.

Das gibt es sicher nicht mehr.

Nur noch antiquarisch oder bei Ebay. Heute liest der deutsche Jazzer das „*Jazzpodium*" (seit 1952), das in der letzten Zeit allerdings nicht mehr so recht meinen Geschmack trifft. Oder, wenn er/sie Englisch versteht, das traditionsreiche „*downbeat*", das in Amerika (und weltweit) seit 1934 DAS Jazz-Magazin ist. Das veranstaltet u. a. Leser- und Kritiker-Umfragen zu den wichtigsten Musiker/innen und CDs eines Jahres, immer ein interessanter Popularitätstest.

Und heute?

Die gedruckten Publikationen sind sicher auf dem Rückzug. aber dafür findet man einiges im Internet.

Jazz im Film

Wenn man Jazz nicht nur hören. sondern auch sehen will, muß man in Konzerte gehen, das habe ich verstanden, aber was ist mit filmischen Aufzeichnungen?

Da hat sich die Situation in den letzten Jahren verändert, genauer: seit es *Youtube* und andere Video-Portale gibt. Früher war man darauf angewiesen, daß im Kino oder Fernsehen mal Jazz-bezogene Filme gezeigt werden, aber das war selten der Fall.

Heute gibt es offenbar nichts, was es nicht bei Youtube *gibt.*

Das ist wohl übertrieben. Aber was Dokumentationen der Musik betrifft, da gibt es Tausende von Jazz-Aufnahmen, viele Einzeltitel, viele komplette CDs („full album"), aber auch viele Video-Aufnahmen von Konzerten oder anderen Auftritten, auch historische, sog. *Soundies*, drei Minuten lange Filmchen (auch andere als Jazz), die in den Vierziger Jahren in den USA für Musikbox-artige Abspielgeräte in Restaurant, Clubs usw. produziert wurden.
    Man gibt einfach bei *Youtube* die Namen in die Suchmaske ein und hat eine große Auswahl zur Verfügung.

Und "richtige" Filme?

Einen berühmten abendfüllenden Jazz-Film vom Newport Jazz Festival 1958, den ich damals regulär im Kino gesehen habe, gibt es bei *Youtube* auch in voller Länge zu sehen. Man sieht *Louis Armstrong*, die Spiritual-Sängerin *Mahalia Jackson, Sonny Stitt, Thelonious Monk, Gerry Mulligan, Eric Dolphy, Chuck Berry* und viele andere der Großen.

- *Jazz an einem Sommerabend* (1960) von Bert Stern
  Trailer: https://www.youtube.com/watch?v=fMLtnskACQg
  Ganzer Film:
  https://www.youtube.com/watch?v=Qsh2gpPiqtw

Dinah Washington[58] auf der Titelseite des Filmprogramms
(eine vergessene Kunstform ...)

---

[58] Dinah Washington: *All of me* (at Newport, 1958)
  https://www.youtube.com/watch?v=h7CiZjNYUWo

Sicher gibt es auch Musiker-Biographien!

Da gibt es einige, die zum Teil etwas Hollywood-mäßig aufgemacht sind. Über die Authentizität kann man sicher streiten, aber man kann diese Filme trotzdem ansehen:

- *Young man with a horn* (1950) ist eine fiktive Biographie, die an dem Chicago-Jazz-Musiker *Bix Beiderbecke* orientiert ist, mit Kirk Douglas in der Titelrolle (mit Lauren Bacall und der jungen Doris Day).
  https://www.youtube.com/watch?v=UmREGcpAx7A

- Die *Glenn Miller Story* (1954) (m. James Stewart als Glenn Miller)
  Trailer:
  https://www.youtube.com/watch?v=P9CPLxNdCvQ

- Die *Benny Goodman Story* (1956)
  Trailer: https://www.youtube.com/watch?v=WyRv6bv4cfM

- *Round Midnight* (1986) von Bernard Tavernier (mit *Dexter Gordon*) mit Anklängen an das Leben von *Bud Powell und Lester Young.*
  https://www.youtube.com/watch?v=HMyFtjaSSAU
  https://www.youtube.com/watch?v=YeUspyK5XnM

- *Bird* von Clint Eastwood (1988) (m. Forest Whitaker als *Charlie Parker*)
  Trailer: https://www.youtube.com/watch?v=2qaSYknbapk

- *Ray* (2004). Biographie von *Ray Charles* von Taylor Hackford (mit Jamie Foxx)
  Trailer: https://www.youtube.com/watch?v=jVHCQfcugdw
Einige Filme spielen in einem Jazz-nahen Milieu, in dem viele Jazz-Musiker auftreten.

Cabin in the sky (1943) ist in einer der ersten Filme mit komplett afro-amerikanischer Besetzung.
Trailer:
https://www.youtube.com/watch?v=AhKvNQv5Ugw
Ganzer Film:
https://www.youtube.com/watch?v=xNtgEc5d_wo

- *New Orleans* (1947) (m. *Louis Armstrong* und *Billie Holiday*)
  Ganzer Film:
  https://www.youtube.com/watch?v=x5vL7l6XBYI

- *Kansas City*" von Robert Altman (1988) (mit *Harry Belafonte*)
  Trailer: https://www.youtube.com/watch?v=5nMT-7TEe74

Noch ein früher Schatz:
- *St. Louis Blues* (1929), mit 15 Minuten Länge, ist der einzige Film mit *Bessie Smith*.
  https://www.youtube.com/watch?v=TAIWkANToPA

Ich erinnere mich, daß ich Filme ohne inhaltlichen Bezug zum Jazz gesehen habe, deren Soundtrack im wesentlichen von Jazzmusikern stammt.

Es sind soviele, daß ich nur vier erwähnen möchte.

- *Fahrstuhl zum Schaffott* (1958) von Louis Malle, mit Soundtrack von *Miles Davis*.
  Trailer: https://www.youtube.com/watch?v=sjURPebrbrY

- *Wenig Chancen für morgen* (1959) von Robert Wise, mit Soundtrack von *John Lewis* vom *Modern Jazz Quartet*.

- *Shadows* (1959) von John Cassavetes, mit Soundtrack von *Charlie Mingus*.
  Trailer: https://www.youtube.com/watch?v=VZx-I0wJ_8s

- -*Julia und ihre Liebhaber* (1990) von John Amiel, mit Soundtrack von *Wynton Marsalis*.
Trailer:
https://www.youtube.com/watch?v=MSAWCXT_fxg

Im Mutterland – Jazz in den USA

Ich stelle mir vor, in den USA kann man praktisch an jeder Ecke Jazz hören. Liege ich da richtig?

Ja und nein. Zwar ist die Zahl der Jazzliebhaber auch in den USA überschaubar, aber man kann doch fast in jeder Stadt Jazz hören. So gab es in Wilmington in North Carolina an der Ostküste ganz ohne besonderen Anspruch eine Freilichtbühne, bei der man kostenlos Jazz hören konnte – von (uns) unbekannten Musikern, vielleicht College-Studenten.

New Orleans

You don't know what it means to miss New Orleans[59]
(Louis Armstrong)

Hatten Sie eigentlich nicht das Bedürfnis, Jazz „an seinen Wurzeln" zu erleben, also in den USA?

Doch, durchaus. Aber aus verschiedenen Gründen war ich dann schon vierzig, als ich zum ersten Mal „nach Amerika" reiste. Das war also 1982.

Darf ich mal raten: an die „Wiege des Jazz", nach New Orleans?

Unter anderem. Grob gesprochen, waren wir eine Woche in New Orleans und Umgebung, eine Woche in Texas (wo mein Bruder damals an einem Kernforschungszentrum arbeitete),

---

[59] Louis Armstrong & Billie Holiday: *Do you know what it means to miss New Orleans:*
https://www.youtube.com/watch?v=m4jU8IQK5b0

eine Woche im Südwesten: Arizona, New Mexico, und eine Woche in Kalifornien. Aber nicht in New York.

Und warum nicht in New York?

Das hätte den Rahmen unserer Reise gesprengt – wir haben's für später aufgespart.

Also New Orleans. Ich könnte mir allerdings auch denken, daß das möglicherweise eine Enttäuschung war: der Jazz von heute hat ja nicht mehr viel mit New Orleans zu tun, und es soll ja auch eine ziemliche Touristen-„Destination" geworden sein.

Mardi Gras in New Orleans (1982)

Das ist schon richtig. Wir waren gerade zu Zeiten des *Mardi Gras* dort, also während des berühmten Karnevals mit seinen Umzügen, die jeder Liebhaber des alten Jazz kennt, bei denen die einzelnen Karnevalsvereine der Stadt traditionell mit ihren Umzugswagen prunken. Deswegen waren die Hotelpreise mal eben verdoppelt worden, und auch der Campingplatz, auf dem wir zelteten, hatte entsprechend aufgeschlagen. Wir kamen von da aus gar nicht erst bis in die Stadtmitte, aber der Umzug kam auch in die Außenbezirke, mit Bonbons und Glasperlenketten aus Plastik, die in die schaulustige Menge geworfen wurde. Karneval eben.

Mir fällt noch Tennessee Williams' Theaterstück „Endstation Sehnsucht" ein, das seinen Namen ja der Straßenbahn von New Orleans, der „Streetcar" verdankt. Es heißt ja im Original „A Streetcar named Desire". Sind Sie denn wenigstens mal mit der Straßenbahn gefahren?

Ja, durch die Vororte. Und wir sind auch in der *Preservation Hall* gewesen, in der immer noch von alten Männern Oldtime Jazz gespielt wird. Neun Jahre später war ich noch einmal da, allerdings im Sommer bei feucht-schwülem Klima. Es hatte sich wenig verändert. Im *French Quarter*, der „Altstadt", wo man in zweistöckigen Häusern in den schmiedeeisernen Balkongittern „Soulfood" essen kann, war es doch sehr touristisch. Es war ja noch ein paar Jahre vor Katrina, der Hurricane- und Flutkatastrophe. Immerhin gab es noch eine Reihe von Kneipen mit eher modernem Jazz.

Im French Quarter (1982)

106

Wenn ich die Geschichte des Jazz richtig in Erinnerung habe, fing alles im Rotlicht-Milieu von New Orleans an, Jazz als Puffmusik. Dann traten die USA in den 1. Weltkrieg ein, die Marine ließ sich in NO nieder und die Sündige Meile wurde dicht gemacht, und die Musiker wurden arbeitslos.

Genau. Einige arbeiteten auf den Mississippi[60]-Dampfern: die mit den großen Schaufelrädern am Heck. Die brauchten Unterhaltungskapellen, weil die Reise flußaufwärts bis nach Memphis immerhin eine Woche dauerte.

Der Mississippi bei New Orleans (1991)

Wir hätten gern eine solche Reise flußaufwärts gemacht, aber auf dem Mississippi gibt es keinen Linienverkehr mehr, nur noch Kreuzfahrten. Und das war nicht nach unserem Geschmack. So haben wir uns denn auf eine Art Hafenrundfahrt mit dem Schaufelrad-Dampfer *Natchez* beschränkt. Immerhin kann man solche Mississippi-Raddampfer neuerdings auch im

---

[60] Paul Robeson: *Ol' Man River* (aus dem Musical *Showboat*, 1936)
https://www.youtube.com/watch?v=eh9WayN7R-s

Hamburger Hafen sehen, wo sie den Hafenrundfahrts-Barkassen Konkurrenz machen; die heißen auch noch „Mississippi Queen" und „Louisiana Star". Ich finde, die passen irgendwie nicht dahin, und sie werden ja auch nicht in Dixieland, sondern in Rostock gebaut...

„Louisiana Star" in Hamburg

Memphis

Da denke ich an Chuck Berry's "Memphis Tennessee"[61]. Prägt seine Musik die Stadt?

Das kann man nicht sagen, Memphis hat eher einen Ruf als Blues- und Soul-Metropole. Das berühmte *Stax*-Studio ist auch in Memphis.

Aber das ist ja eigentlich auch kein Jazz, oder?

Naja. Oder: Ja und nein. Jazz hat als Puffmusik angefangen, wie Sie sagen, Tanzmusik, auch in den 30ern, Swing, und als

---

[61] *Chuck Berry*: Memphis, Tennessee:(1959)
https://www.youtube.com/watch?v=w5ezeUM6c74

er sich in den 40er Jahren in Richtung Kunstmusik entwickelte, und nicht mehr so zum Tanzen geeignet, da hörten die Schwarzen natürlich nicht auf zu tanzen.

Und es entwickelte sich aus dem klassischen Gitarren Blues plus Swing Jazz etwas, was man zuerst „*Rhythm and Blues*" und später „*Soul*" nannte. Kleine Combo, rhythmisch, musikalisch simpler als Jazz, aber ungeheuer populär. Und die Musik wurde zu großen Teilen in Memphis produziert. Sie wurde so populär, daß die Weißen sich das Geschäft nicht entgehen lassen wollten: Ein gewisser *Elvis Presley*, auch *Bill Haley* und andere, stiegen da ein, und der *Rock'n'Roll* war geboren, und damit die moderne, weltumspannende Popmusik.

Den Besuch in *B. B. Kings Club* habe ich weiter oben beschrieben (S. 42).

Im flachen Lande

Haben Sie denn weitere Jazz-Tourneen unternommen? Die Vereinigten Staaten sind ja ein riesiges Land.

Deswegen habe ich meistens versucht, beruflich bedingte Reisen, z. B. Kongreßbesuche, mit Exkursionen in die Jazz-Welt zu verbinden. Ich hatte auch immer Kolleg(inn)en, die mit mir zusammen die Jazzclubs „unsicher machten". So war ich in *Saratoga Springs*, einem Kurort nördlich von New York, zu einem Freiluft-Festival auf der grünen Wiese, wo man z.B. den großen *Wayne Shorter* sehen konnte oder die Sängerin *Dianne Reeves*, auch weniger bekannte, wie die Posaunistin *Sarah Morrow*[62], die aber schon in Europa auf Tournee war.

In Columbus in Ohio gab es auch so ein Freiluft-Festival. In *Albany*, der Hauptstadt des Staates New York, konnte man das *Count Basie*-Orchester sehen – da war der Count allerdings

---

[62] Sarah Morrow: *All Star Boogie*: (1990)
https://www.youtube.com/watch?v=llR0UbrovUw

schon tot, und der Tenor-Saxophonist *Frank Foster* hatte die Leitung[63].

Sarah Morrow beim Saratoga Jazz Festival (2004)

---

[63] Count Basie Orchester unter Frank Foster: *Blues in Hoss Flat*
https://www.youtube.com/watch?v=Id3gdiS7k50&list=PLLrbyRo8
VYctOHk-sXxbHXGVNA_wZr-6k&index=4

New York, NY

Wahrscheinlich ist New York, der „Big Apple", immer noch und immer wieder ein lohnendes Ziel![64]

Ja. Ich habe ein *Freddie Hubbard*-Gedächtniskonzert im „Iridium" gesehen, *Richard Davis*[65] im „Sweet Basil", *Houston Person*[66] im „Jazz Standard", dort auch die *Frank Lacy Big Band*, im „Blue Note" *Janis Siegel* von der Gruppe *Manhattan Transfer*. Einiges habe ich im Kapitel über New York beschrieben (s. S. 42).

Auf der vorgelagerten Insel *Governor's Island* findet regelmäßig ein sommerliches Festival statt, die *Jazz Age Lawn Party*, zu dem sich das Publikum in die Mode der Zwanziger Jahre kleidet, an denen sich auch die Musik orientiert.

---

[64] Frank Sinatra: *New York, New York*
https://www.youtube.com/watch?v=le1QF3uoQNg
[65] Richard Davis: *City Bound* (LP *One for Frederick*, 1989)
https://www.youtube.com/watch?v=8Hux2P0H1dc
[66] Houston Person: *Groovin' and a-Groovin'* (LP *Soul Dance*, 1969)
https://www.youtube.com/watch?v=bi6L0WlwVnA

Michael Arenella's Dreamland Orchestra (2009)

*Sind denn die Jazz-Clubs auch die typischen „Jazz-Keller",
wie man sie sich so vorstellt?*

Ich habe in Amerika Keller-Clubs gesehen, aber ebenso oft
ebenerdige Lokale mit einer großen Glas-Fensterfront, ähnlich
wie ein Ladengeschäft. Das „*Blue Note*", das „*Birdland*",
„*Sweet Basil*", das „*Visiones*" sind so: man tritt von der Straße
direkt hinein. Andere sind tatsächlich Keller: das „*Iridium*" und
das „*Jazz Standard*" zum Beispiel.

Ich habe mal in Deutschland den Vortrag eines Psychoana-
lytikers über Jazz gehört. Den erinnerte das Höhlenartige von
Jazz-Kellern an die bergende Gebärmutter. Oder so ähnlich. Er
dachte wohl an die verrauchten (und verruchten) Existentialis-
ten-Keller in Paris von 1947, mit ihren schwarz gestrichenen,
roh verputzten Wänden, wo sich die Existenzphilosophen wie
Sartre und Camus zum Jazz trafen. Er selbst war ebenfalls ganz
in Schwarz gekleidet und trug während seines Vortrags im
geschlossenen (und geheizten) Vortragraum eine schwarze
Baskenmütze – wie der typische Franzose, wenn er sein Ba-
guette kauft ...

Jazz in Deutschland

Seit wann gibt es Jazz in Deutschland? Es ist doch eine sehr amerikanische Musik!

Tourneen von amerikanischen Musikern gab es schon in den Zwanziger Jahren. Die Rezeption war teils enthusiastisch, teils wurde die Musik als „undeutsch" empfunden. Es war natürlich nicht der Jazz von heute, der deutsche Musiker begeisterte. Daß sie zum großen Teil von Schwarzen gespielt, wurde offiziell ignoriert. Jazz-Titel fanden Eingang in die Tanzmusik, urden aber „eingedeutscht".

Und wie wurde der Jazz außerhalb der Musikszene aufgenommen?

Er wurde wohl als Tanzmusik geschätzt, aber unter Intellektuellen blieb die Rezeption, milde gesagt, limitiert.
   Zu den trostlosesten Äußerungen zählt, was der – ansonsten höchst respektierte – Philosoph *Adorno* schrieb. Er meinte in *Über Jazz* (1936) und in *Zeitlose Mode. Zum Jazz* (1953):

   „…nicht bloß das Saxophon ist den Militärkapellen entlehnt, sondern die gesamte Disposition des Jazzorchesters, nach Melodie-, Baß-, „obligaten" Begleit- und bloßen Füllinstrumenten, ist mit der der Militärkapellen identisch. Darum will der Jazz zum faschistischen Gebrauch gut sich schicken."
   Und: *„Ziel des Jazz ist die mechanische Reproduktion eines regressiven Moments, eine Kastrationssymbolik, die zu bedeuten scheint: gib den Anspruch deiner Männlichkeit auf, laß dich kastrieren, wie der eunuchenhafte Klang der Jazzband es verspottet und proklamiert, und du wirst dafür belohnt, in einen Männerbund aufgenommen, welcher das Geheimnis der Impotenz mit dir teilt, das im Augenblick des Initiationsritus sich lüftet."*

Also wirklich, vom Stilistischen mal ganz abgesehen: Dem 33jährigen kann man noch zugute halten, daß er vielleicht kaum mehr kannte als die sinfonisch-verschmalzten Pseudo-Jazzarrangements weißer Großorchester (etwa des „King of Jazz" Paul (ausgerechnet:) Whiteman) der späten Zwanziger Jahre – auch dann sind die Äußerungen allerdings erstaunlich anmaßend und reichlich bizarr. 1953 aber konnte (und mußte) man schon die großorchestralen Schöpfungen etwa Duke Ellingtons oder die Bebop-Revolution kennengelernt haben.

Der Jazzpublizist *Joachim Ernst Berendt*, der 1953 in der Zeitschrift *Merkur* zu diesem Thema eine Fehde mit Adorno ausgetragen hat, enthüllte in seiner mehr als vierzig Jahre später erschienenen Autobiographie den wahren Grund für Adornos Feindseligkeit gegenüber dem Jazz: der wollte sich nämlich als Student im Berlin der Zwanziger Jahre als Jazzpianist ein Zubrot verdienen und war damit völlig erfolglos geblieben. Die „Impotenz" lag also auf seiner Seite. Seitdem konnte er Jazz und sog. Populäre Musik nicht mehr auseinanderhalten. Ob's wirklich so simpel war?

Und in der Nazizeit?

Was denken Sie? Jazz wurde natürlich offiziell als „Negermusik" abgelehnt. Man konnte ihn aber nicht ganz unterdrücken und mußte einige Orchester gewähren lassen, die jazzverwandte Musik spielten. Und es gab eine Untergrundszene, z. B. von den sogenannten Swing-Heinis, Jugendliche, die sich heimlich trafen, um heimlich importierte Platten oder verbotenerweise englische Sender abzuhören. Das tat auch der während des Krieges in Frankreich stationierte deutsche Offizier *Dietrich Schulz-Köhn*, der mit französischen Jazzmusikern, wie dem "Zigeuner" Django Reinhardt, Kontakt hatte.

Nach dem Krieg sah es ja wohl anders aus!

Allerdings. In den „Ami-Clubs" in Hessen und Bayern gab es wohl nicht genügend amerikanische Musiker – da fanden auch deutsche Jazzer Beschäftigung. *Bluesy Sound*, eine Aufnahme von 1966[67] vereint fast alle, die damals in Deutschlands Jazzwelt einen Namen hatten: *Albert* und *Emil Mangelsdorff* (Posaune bzw. Altsaxophon), *Helmut Brandt* (Baritonsaxophon), *Klaus Doldinger* (Tenorsaxophon), *Peter Trunk* (Bass), *Ingfried Hoffmann* (Keyboards), *Manfred Schoof* und *Ack van Royen* (Trompete), *Volker Kriegel* (Gitarre). Es fehlen einige der bekannten Solisten, wie *Wolfgang Dauner* (Klavier) und *Hans Koller* (Tenorsaxophon) – und die fast vergessene Pianistin *Jutta Hipp*[68], die 1960 nach New York zog und bald danach das Klavierspiel aufgab, mit 35. Sie starb erst 2003 78jährig in New York. Den Pianisten *Wolfgang Lauth* (1931-1911) erwähnte ich schon. Der Klarinettist *Rolf Kühn* spielte einige Jahre bei Benny Goodman und *Tommy Dorsey*.

Der oben erwähnte Dietrich Schulz-Köhn wurde dann zum Pionier der deutschen Jazz-Publizistik.

Und heute?

Wikipedia hat eine Liste von ca. 1450 deutschen Jazzmusiker(innen) von den Anfängen bis zur Gegenwart, von denen mir die meisten unbekannt sind. Dazu kommen einige, die ich kenne, die aber nicht in dieser Liste enthalten sind. Das ist auch kein Wunder, denn lt. einer Erhebung der Deutschen Jazzföderation können die wenigsten von der Jazzmusik leben, die finanzielle Situation wird allgemein als prekär bezeichnet – wie bei fast allen freischaffenden Künstlern. Manche unterrichten, machen Tanzmusik, sind Lehrer oder Professoren[69]. Man könnte meinen, daß unsere relativ prosperierende Gesellschaft nur

---

[67] Klaus Doldinger: *Bluesy Sound*
https://www.youtube.com/watch?v=9TTQ9e659t8
[68] Jutta Hipp: *Billie's Bounce*: (LP *At the Hickory House*, Vol.1)
https://www.youtube.com/watch?v=ux-G7N5phw8
[69] Thomas Renz, Maximilian Körner, Jazzstudie 2016. Lebens- und Arbeitsbedingungen von Jazzmusiker/-innen in Deutschland, März 2016. http://jazzstudie2016.de/jazzstudie2016_small.pdf

wenig Mittel für künstlerisch Freischaffende zur Verfügung hat.

Die deutschen Musikhochschulen haben eine Vielzahl von Musiker/innen hervorgebracht, die, wenn sie nicht an Musikschulen oder privat unterrichten, vor allem durch die Radio-Big Bands ihr Auskommen finden. Nach der erwähnten Studie von 2016 haben 70% einen Hochschulabschluß.

Ich erwähne nur einige, die ich selbst gehört habe: *Heinz Sauer* (Tenorsaxophon), *Michael Wollny* (Klavier), *Julia Hülsmann* (Klavier), *Christopher Dell, Wolfgang Schlüter* und *Karl Berger* (Vibraphon), Bandleader *Roger Cicero, Silvia Droste* (Gesang, Saxophon), *Rudi Fuesers* (Posaune), *Joe Gallardo* (Akkordeon), *Gunter Hampel* (Vibraphon), *Gabriele Hasler* (Gesang), *Ekkehard Jost* (Bariton-Saxophon), *Wollie Kaiser* (Bass-Saxophon), *Jörg-Achim Keller* (Dirigent), *Ulita Knaus* (Gesang).

Und wo kann man die hören?

Zunächst in den zahlreichen Jazzclubs, Bürgerhäusern, auf Festivals, sogar in Konzerthäusern. In Hamburg gibt es z. B. den *Cotton Club* für die Oldtime-Fans und das *Birdland*, das moderner ausgerichtet, allerdings neuerdings nicht nur Jazz präsentiert.

Dann natürlich im Radio, das seit Jahrzehnten regelmäßig Jazzsendungen bringt. Außerdem unterhalten, wie erwähnt, WDR, NDR, HR eigene Big Bands, die sie auch in den Sendern präsentieren. In meinen eigenen Erinnerungen sind die Rundfunkmoderatoren *Olaf Hudtwalcker* vom N(W)DR bzw. HR, *Joachim Ernst Berendt* vom Südwestfunk von Bedeutung – und, als ich in Heidelberg studierte, der legendäre *Willis Conover* mit der „Voice of America Jazz Hour".

Wenn man „uns" hören will, die Hamburger Big Band „The Openers", in der ich Tenorsaxophon spiele – ein bißchen Eigenwerbung ist wohl erlaubt –, dann kann man im Internet nachsehen, wann und wo die Band auftritt, unter www.theopeners.de.

Jazzclubs in Hamburg: *Cotton Club* und *Birdland*

Die *Openers*, Hamburgs lässigste Big Band (2011)

Die *Openers* in der Laeiszhalle in Hamburg (2015)

Jazz weltweit

Der Jazz stammt aus den USA, aber wie ist es im „Rest" der Welt?

Eine lebendige Jazz-Szene gibt es auch in Europa – Deutschland haben wir schon erwähnt –, Japan, Südafrika, um nur einige zu nennen. Südafrika hat *Abdullah Ibrahim*[70], der zu Beginn seiner Karriere Dollar Brand hieß, und *Hugh Masekela*[71] Die Band *Jabula*[72] haben wir selbst in London in einem obskuren Vorort-Schuppen gehört. Die Gruppe *Osibisa*[73] hat Wurzeln in Ghana. Nigeria und der Karibik.

Sie erwähnten schon, daß der Jazz weltweit die Pop-Musik beeinflußt hat, z. B. die Rolling Stones oder die Beatles.

Die *Stones* und die *Beatles* auf dem Umweg über den Rock'n'Roll. Afrikanische Pop-Musik, wie der westafrikanische Afro-Beat ist dem Jazz noch näher. *Manu Dibango* aus Kamerun hat mit seinen Afro-Jazz Welthits[74] gelandet. Der jamaikanische *Reggae* und sein Vorläufer *Ska* sind direkt vom Jazz beeinflußt.

Hat der Jazz auch umgekehrt die Musik der Welt zur Kenntnis genommen?

---

[70] Abdullah Ibrahim: *Soweto*.
  https://www.youtube.com/watch?v=HhACPRwzIOo
[71] Hugh Masekela: *Chileshe*. (LP *Black to the future*)
  https://www.youtube.com/watch?v=Mg7TFLDl8pY
[72] Jabula: *Soweto my love* (LP *Thunder into ouir hearts*, 1976)
  https://www.youtube.com/watch?v=AXrIjV0heWY
[73] Osibisa: *Ayiko Bia* (LP *Osibisa*)
  https://www.youtube.com/watch?v=0MSo-YylQqE
[74] Manu Dibangg: *Soul Makossa*,.1973
  https://www.youtube.com/watch?v=EF92yOsv3Y8

Den kubanischen Einfluß auf Bebop-Musiker wie *Dizzy Gillespie* habe ich schon erwähnt. *Randy Weston*[75] hat sich mit westafrikanischer Musik auseinandergesetzt, *Roy Hargrove*[76] mit puertorikanischem Salsa, das sich in New York einen festen Platz erobert hat. Des Trompeters *Chuck Mangione's*[77] mexikanische Wurzeln sind unüberhörbar. Und der mehr geschmeidige als rhythmisch akzentuierte *Bossa Nova* aus Brasilien hat besonders *Stan Getz*[78] und den belgischen Gitarristen, Sänger und Mundharmonika-Spieler (!) *Jean „Toots" Thielemans*[79] beeinflußt. *Yousef Lateef*[80] integrierte als einer der ersten afrikanische, orientalische und fernöstliche Einflüsse.

[75] Randy Weston: *Blue Moses* (LP *The spirit of our ancestors*, 1991)
https://www.youtube.com/watch?v=BBWnfhwMRcY
[76] Roy Hargrove: *Dream Traveler* (LP *Habana* 1997)
https://www.youtube.com/watch?v=QinF_UVVFVI
[77] Chuck Mangione: *The Children of Sanchez.*(gleichnamige LP)
https://www.youtube.com/watch?v=wBtxGiqqPTA
[78] Stan Getz & Joao Gilberto: *Girl from Ipanema.*(LP *Getz/Gilberto*)
https://www.youtube.com/watch?v=j8VPmtyLqSY
[79] Toots Thielemans & Elis Regina: *Wave*
https://www.youtube.com/watch?v=MeW30piyJcE
[80] Yusef Lateef: *The three faces of Balal* (LP *Eastern Sounds*)
https://www.youtube.com/watch?v=DyPnlUHdyIk&list=OLAK5u
y_l0tJ0566b47GQfQ4Lco1Mp9eNZI18Gc38

IV

INSELPLATTEN

Über Inselplatten

Die Geschichte des Jazz umspannt nun schon ungefähr hundert Jahre, und – anders als in der klassischen Musik, die ja jahrhundertelang nur in Notenschrift übermittelt wurde – ist die Entwicklung des Jazz ja gut durch Tonaufnahmen dokumentiert. Wenn es Sie auf die sprichwörtliche einsame Insel verschlagen würde – welche Platten würden Sie da mitnehmen, was sind Ihre „Inselplatten"? Auch wenn Sie die Frage vielleicht nicht gern hören.

Warum sollte ich die nicht gern hören wollen?

Weil sie bedeutet, daß man sich für eine begrenzte Zahl entscheiden muß, auch wenn man vielleicht seine ganze Sammlung nennen möchte!

Da ist schon was dran – die meisten hat man sich ja gekauft, weil man etwas daran gefunden hat. Andererseits ändert sich auch die Präferenz im Laufe der Jahre und bei der langjährigen Beschäftigung damit, so daß sich dann doch einige Dauerlieblinge herausschälen.

Aber in unseren Zeiten ist es ja so einfach, sich eine Sammlung von bedeutenden Jazzplatten anzulegen! Daher ist die Versuchung groß, sich alles Mögliche anzuschaffen – auf Vorrat sozusagen. Man muß also nicht mehr so sorgfältig auswählen. Bei den billigen Versandläden erhält man zum Beispiel eine Sammlung von 100 wesentlichen CDs aus den ersten 50 Jahren für 98 Euro - für umgerechnet 200 Mark hat man früher gerade mal 10 Langspielplatten gekriegt!

Aber wenn Sie sich einmal vorstellen, Sie würden auf eine einsame Insel verschlagen und könnten gerade mal 10 Platten retten. Sie können sich aber aus der gutsortierten Plattensammlung in der Bordbibliothek des Kreuzfahrtdampfers bedienen!

Das ist mit Musik nicht so einfach: die wichtigen Bücher könn-te man für alle Fälle in einer wasserdichten Tasche mit sich führen. Aber für Platten braucht man ein Abspielgerät. Und Strom auf der einsamen Insel.

Es sei denn, man hätte noch eins von diesen Geräten mit Handaufzug, wie auf der Abbildung mit dem Hund, der „His Master's Voice" aus dem Schalltrichter lauscht!

Das würde allerdings die Menge der verfügbaren Platten deut-lich einschränken – schließlich gibt es nicht viel Musik auf diesen alten Schellack-Platten.

Da muß ich gleich meine Unbildung eingestehen: was ist ei-gentlich Schellack?

Ich habe das selbst neulich mal nachgucken müssen: Laut *Wikipedia* ist Schellack (von dem holländischen Wort für Schuppe) eine harzige Substanz, die aus Gummilack gewonnen wird, und Gummilack selbst wird aus Ausscheidungen der Lackschildlaus nach ihrem Saugen an bestimmten Pflanzen gewonnen, hauptsächlich in Süd- und Südostasien. Um ein Kilogramm Schellack zu ernten, benötigt man rund 300.000 Lackschildläuse. Schellack wurde bei der Oberflächenversiege-lung von Phonographen-Walzen (von 1905 bis ca. 1925) und Schallplatten (von 1895 bis ca. 1961) verwendet. Wegen der hohen Umdrehungszahl von 78 pro Minute faßten diese Platte auf Vor- und Rückseite nur je ein Stück von drei Minuten Länge. Deswegen sind die überlieferten Titel aus den ersten 50 Jahren der Jazz-Geschichte ungefähr drei Minuten lang. Wenn sie nicht aus Radiosendungen stammten, die meist mit Tonbandgeräten arbeiteten.

Was wohl nichts an der Faszination änderte, daß man jetzt Musik mechanisch konservieren konnte.

Es gab allerdings schon metallische Walzen, auf denen man Töne festhalten konnte. Die frühen Ragtime-Piano-Aufnahmen – eine Vorform des Jazz – sind so entstanden, z. B. der *Entertainer* von *Scott Joplin*[81].

Danke für diesen kleinen Exkurs. Aber genaugenommen gibt es heute ja andere Möglichkeiten: mit einem iPod und ein paar Reserve-Akkus kann man musikalisch vermutlich einige Zeit auf der Insel überleben, bis Rettung naht.

Ach Gott, auf so einen iPod sollen ja bis zu 30.000 Titel gehen – da erübrigt sich dann jede Diskussion darüber, welche sinnvolle Auswahl man für die einsame Insel treffen soll! Da kann man sich ja seine ganz Plattensammlung draufladen und – Tschüß bis nächstes Jahr, wenn das Postschiff vorbeikommt…

Nehmen wir also an, es gebe auf der Insel einen Windgenerator, der letzte Schiffbrüchige hat ein Akku-Ladegerät und einen tragbaren CD-Player hinterlassen und Sie können gerade noch ein Dutzend Platten einstecken! Einen iPod haben Sie nicht und können darauf nichts speichern.

Ein Dutzend CDs ist wirklich zu wenig, und bei einem Schiffbruch habe ich keine Zeit mehr zum Laden. Außerdem habe ich natürlich meine LP- und CD-Sammlung nicht dabei. Aber

---

[81] Scott Joplin: *The Entertainer* (1902).
https://www.youtube.com/watch?v=fPmruHc4S9Q

glücklichweise habe ich mein Smartphone mit, der Empfang des Netzes ist überraschenderweise nicht schlecht. Ich kann also *Youtube* aufrufen und mir aus dem Gedächtnis runterladen, was ich brauche. Erstaunlicherweise sind die meisten Titel, die mich interessieren bei *Youtube* erhältlich. Trotzdem muß ich mich natürlich einschränken und eine Auswahl aus den, ich weiß nicht wieviel Millionen Titeln treffen. Ich kann Ihnen also die Youtube-Adressen meiner Lieblingsstücke nennen. Manchmal sind auch „full albums" verfügbar, aber das würde wohl zu weit führen.

New Orleans

Es stimmt schon fast mit den „100 Jahren Jazz", denn die erste Plattenaufnahme wurde 1917 gemacht – ausgerechnet von der weißen „Original Dixieland Jass Band"[82], weil der große schwarze New Orleans-Trompeter *Freddie Keppard*[83], dem man's auch angeboten hatte, fürchtete, man würde seine musikalischen Ideen stehlen. So geht jedenfalls die Legende. Die potentielle Werbewirkung hatte man damals wohl noch nicht im Bewußtsein. Und seine ersten Aufnahmen entstanden erst zehn Jahre später. Die Tonqualität von damals ist natürlich armselig, auch wenn sie bei Wiederveröffentlichungen etwas aufgehübscht wird.

Also gut, fangen wir aber dann doch bei den Alten an. Und da ist *Louis* (das ‚s' hörbar ausgesprochen!) *Armstrong* unverzichtbar, auch wenn die Nachwelt vielleicht nur noch seine Versionen von *C'est si bon*, *Mack the Knife* und *Hello Dolly* kennt… Aber die Aufnahmen seiner *Hot Five* und *Hot Seven*

---

[82] Original Dixieland Jass Band: *Livery Stable Blues* (1917)
https://www.youtube.com/watch?v=5WojNaU4-kI
[83] Freddie Keppard's Jazz Cardinals: *Salty Dog Blues* (1926)
https://www.youtube.com/watch?v=j2LV78M8LWI

aus den Zwanziger Jahren sind zum Teil von fast überirdischer Perfektion, natürlich im musikalischen Sinne, nicht in der Technik[84] [85]. Dazu eine Aufnahme mit *Bessie Smith*, der Kaiserin des Blues, auch mit *Louis Armstrong*.[86] Der Klarinettist *Sidney Bechet*[87] stammt auch aus New Orleans, hat aber den Großteil seines Lebens in Frankreich verbracht. Sein *Petite Fleur*[88] wurde einWelt-Hit.

Die *Hot Five* von Louis Armstrong (ca. 1925)

Kid Ory, Louis Armstrong, Johnny Dodds, Lil Hardin, Johnny St. Cyr

---

[84] Louis Armstrong's Hot Five: *Muskrat Ramble*
https://www.youtube.com/watch?v=KS5GKIAsyik
[85] Louis Armstrong's Hot Seven: *Westend Blues*
https://www.youtube.com/watch?v=4WPCBieSESI
[86] Bessie Smith: *Careless Love*
https://www.youtube.com/watch?v=7iympOhiU1o
[87] Sidney Bechet, L.Armstrong, Trixie Smith: *Freight Train Blues*.
https://www.youtube.com/watch?v=d7xfr1C95jE&list=PLxF0G6I-f0Ap7hjiGVANWBubstLplFcc_&index=3
[88] Sidney Bechet: *Petite Fleur* (1952)
https://www.youtube.com/watch?v=REYLNs0rh-g

Was hebt denn diese Aufnahmen nach Ihrer Meinung aus der Masse der anderen großen New Orleans- und Dixieland-Aufnahmen heraus?

Naja, heute kennen wir die großen Solisten, die Spielerpersönlichkeiten, um einen Ausdruck aus dem Fußball zu entlehnen. In der Anfangszeit war das Spiel dagegen gekennzeichnet durch die sogenannte Kollektivimprovisation. Da aber die Musiker natürlich nicht einfach durcheinander dudeln konnten, mußte es Regeln geben. Und wenn sieben Musiker gleichzeitig spielten, mußte das Regelwerk relativ übersichtlich strukturiert sein, damit sie einander nicht dissonant in die Quere kamen. Die Akkordfolgen, also das Harmoniegerüst, waren entsprechend einfach. Erst der Freiraum, den sich einzelne Genies erkämpften oder besser erspielten, ermöglichte die Entfaltung solistischen Talents und dann auch eine Erweiterung der harmonischen Strukturen. Wenn ich manchmal bedauere, nicht Trompete spielen gelernt zu haben, dann weil mich diese klassische Reinheit begeistert, in der man das Potential der zukünftigen Entwicklung spürt.

Bei den Hot Five-Aufnahmen ist alles Überflüssige abgestreift: nur die drei Bläser mit Trompete (*Louis*), Posaune (*Kid Ory*) und Klarinette (*Johnny Dodds*), dazu Klavier und Banjo als Harmonie+Rhythmus-Instrumente. Obwohl meine Vorlieben nun weißgott beim modernen Jazz liegen, kann ich diese vielleicht dreißig Aufnahmen immer wieder mal hören. Auch wenn ich sie fast auswendig kann.

Swing

Kommen wir zu den Dreißiger Jahren – der großen Zeit des Swing.

Sie meinen Swing als Musikstil, nicht als Grundelement der Jazz-„Phrasierung"?. Das ist vor allem die große Zeit der Big Bands, die mehr Möglichkeiten der künstlerischen Gestaltung bieten. Da könnte ich es mir einfach machen und sagen: alles von *Duke Ellington*... Aber da sind es auch zunächst Einzeltitel, erst später hat Ellington ganze Suiten veröffentlicht. Sein Erkennungstitel *Take the A-Train*[89] (gemeint ist die U-Bahn Linie A, die das Zentrum von New York mit dem Schwarzen-Stadtteil Harlem verbindet). *Caravan*[90], eine ironische Anspielung darauf, daß die weißen Amerikaner glaubten, die Afro-Amerikaner spielten „Dschungel-Musik". Und das melancholische *Mood Indigo*[91]. Von *Count Basie* nenne ich *Jive at Five*[92], das jahrelang die Jazzsendungen von Olaf Hudtwalcker einleitete. Man könnte auch die sehr erfolgreichen Big Bands von *Erskine Hawkins, Artie Shaw, Tommy Dorsey, Glenn Miller, Lionel Hampton, Benny Goodman* anführen, aber das würde zu weit führen. Aber ich möchte doch zwei Combo-Aufnahmen nennen, die ich immer gern höre: das *Benny Goodman Quartet*[93], das sehr früh „rassisch" integriert war, und den großen Tenor-Saxophonisten *Lester Young*[94]. Und das Swing-Tenor Dreigestirn komplettieren noch *Coleman Hawkins*[95] und *Ben Webster*. Und dann gibt es die großen Pianisten, die gern solo oder im Trio auftraten und ein pianistisches Feuerwerk abbrannten: *Fats Waller*[96] (auch in einer Combo), *Art Tatum*[97] und *Erroll Garner*[98].

---

[89] Duke Ellington: *Take the A-Train* (1941)
https://www.youtube.com/watch?v=aG4Tte6XGkA
[90] Duke Ellington: *Caravan*:
https://www.youtube.com/watch?v=q4AJP-Yk1Nk
[91] Duke Ellington: *Mood Indigo*
https://www.youtube.com/watch?v=bf6IgYeEBok
[92] Count Basie: *Jive at Five* (1939)
https://www.youtube.com/watch?v=3W-qRk70Jm0
[93] Benny Goodman Quartet: *Moonglow* (1936)
https://www.youtube.com/watch?v=4dm3Ml9g_cs (
[94] Lester Young (mit Count Basie): *Lady be good* (1936)
https://www.youtube.com/watch?v=3PoMKdWhdSk
[95] Coleman Hawkins: *Body and Soul* (1939)
https://www.youtube.com/watch?v=Y9okWUIpPaM
[96] Fats Waller (mit der Sängerin Ada Brown): *That ain't right* (1943)
https://www.youtube.com/watch?v=q3GNBKhJvN0

Bebop

Und nun die Vierziger Jahre – der Bebop!

Der Krieg hatte die Plattenindustrie lahmgelegt. Und mit den Veränderungen der Nachkriegszeit kam die Zeit der Bebop-Revolution. Damit fing der moderne Jazz an. Da nenne ich „alles von *Charlie Parker*", aber insbesondere von meinen allerersten Platten die Titel *Relaxin' at Camarillo*[99] (ein Sanatorium in Kalifornien, in dem sich Parker von einem drogenbedingten Zusammenbruch erholte...) und *Yard Bird Suite*[100] (Parkers Spitzname unter Musikern war Yardbird, kurz: *Bird*).

---

[97] Art Tatum: *Tea for two* (1933)
https://www.youtube.com/watch?v=oPYOJY5OYY4&list=PLPzOF
gsJhT8VbmxaSWdNVbGe91V7_Y0rn

[98] Erroll Garner: *Boogie woogie boogie*
https://www.youtube.com/watch?v=GaICJ7-6Ecg

[99] Charlie Parker: *Relaxing at Camarillo*
https://www.youtube.com/watch?v=F22y1pHsCdo

[100] Charlie Parker: *Yardbird Suite*
https://www.youtube.com/watch?v=HmroWIccNUI

In New York

Der andere Große war der Trompeter *Dizzy Gillespie*. Der brachte, mit dem kubanischen Conga-Spieler *Chano Pozo*, lateinamerikanische musikalische Einflüsse in den Jazz[101]. Der Pianist *Thelonious Monk* war auch noch in der Hardbop-Zeit aktiv, wie auch der Posaunist *J. J. Johnson*. Aus der Swing Era stammt noch *Roy Eldridge*[102]. Mein besonder Favorit ist der Tenorsaxophonist *Sonny Stitt*[103], der auch Altsaxophon spielte und als *Charlie Parkers* legitimer Nachfolger gehandelt wurde.

Cool Jazz

Das Wilde kam erst später wieder, mit dem „Free Jazz". Aber wie auch sonst folgt auf Revolution Anpassung und Mäßigung. Und das bot der *Cool Jazz*, oft kammermusikartig, wie im *Modern Jazz Quartet*[104], das betont seriös auftrat: im Schwarzen Anzug und in klassischen Konzerthäusern, mit dem Vibraphon *Milt Jacksons* als Leitinstrument. Dazu gehört auch der Baritonsaxophonist *Gerry Mulligan*[105] mit dem Trompeter *Chet Baker*[106], die so filigran spielten, daß sie auf die komplexeren Hintergrund-Akkorde des Klaviers verzichten konnten. Und

---

[101] Dizzy Gillespie: *Manteca* (1947?)
https://www.youtube.com/watch?v=rXv6ky1QHA8
[102] Roy Eldridge: *Tin roof blues*
https://www.youtube.com/watch?v=PopRrgSRIIs
[103] Sonny Rollins, Sonny Stitt, Dizzy Gillespie: *After hours* (LP *Sonny side up*, 1957)
https://www.youtube.com/watch?v=xZKIAwOupEE
[104] Modern Jazz Quartet: *Django*
https://www.youtube.com/watch?v=L4ksM27dVfs
[105] Gerry Mulligan & Chet Baker: *Walkin' Shoes* (1952)
https://www.youtube.com/watch?v=y6uOcShLPvE&list=PLqxMe
Uk0FfZ6d4YAxUKpzHCj2N2t9q9pR&index=1
[106] Chet Baker: *My funny Valentine*
https://www.youtube.com/watch?v=jvXywhJpOKs

mit *Dave Brubeck*[107] schielte man auch in Richtung europäische „klassische Moderne" – er hatte bei *Darius Milhaud* studiert, der sich wie *Strawinski* und andere für den Jazz der Zeit interessierte. Sein *Take Five*[108], das zwischen 5/4 und 4/4-Takt wechselt, wurde sogar zu einem Pop-Hit.

Rhythm'n'Blues

Lassen Sie mich raten: Jetzt kommt wieder eine „wilde" Phase!

„Wild" ist wohl etwas übertrieben, aber in der Tat folgte mit dem Hardbop wieder eine vitalere Musik, die allerdings weniger komplex war als die Musik Charlie Parkers und seiner Gefährten, aber mehr von Herzen und aus der Seele zu kommen schien. „Soul" – Seele – ist ein Schlüsselwort, das die Verbindung mit der musikalischen und auch spirituellen Tradition der afro-amerikanischen Bevölkerung wieder aufnahm. Und auch wenn ich Oldtime, Swing und Bebop *auch* gern höre, geht mir doch Hardbop und das, was folgte, am meisten ans Herz.

Die schwarze Bevölkerung der USA fand den Bebop-Jazz offenbar nicht „tanzbar" genug, anders als die Musik der Swingzeit. Und so entstand neben dem Bebop als flotte Tanzmusik der jazzverwandte *Rhythm'n'Blues* (z. B. mit *Bill Doggett*[109], *Louis Jordan*[110], *King Curtis*[111] oder *James*

---

[107] Dave Brubeck: *Blue Rondo a la Turk* (auf der LP *Time Out,* 1959)
https://www.youtube.com/watch?v=vKNZqM0d-xo
[108] Dave Brubeck (m. Paul Desmond): *Take Five* (auf der LP *Time Out,* 1959):
https://www.youtube.com/watch?v=-DHuW1h1wHw
[109] Bill Doggett: *Honky Tonk* (1953)
https://www.youtube.com/watch?v=bq4NhcfurgU
[110] Louis Jordan *Saturday night fish fry*
https://www.youtube.com/watch?v=b1QfXQakX2w

Brown[112] und Ray Charles[113]) und dann der Rock`n`Roll wie bei *Chuck Berry*[114] und wurde zur Quelle der gesamten – schwarzen wie weißen – Pop Musik. Für die schwarze, Soul genannte Musik sollen *Aretha Franklin*[115] und *Barbara Lynn*[116] stehen, für die weiße *Elvis Presley* und die *Beatles* – und alle anderen, bis heute.

Ray Charles als täuschend echte Schaufenster-Puppe
in Montreal/Canada, 2016

---

[111]King Curtis: *Jeep's Blues (1960)*
   https://www.youtube.com/watch?v=koF8vLANGfs
[112] James Brown: *I feel good* (1964)
   https://www.youtube.com/watch?v=U5TqIdff_DQ
[113] Ray Charles: *Hit the road, Jack* (1961)
   https://www.youtube.com/watch?v=_txAdifulHg
[114] Chuck Berry: *Johnny B. Goode* (1959)
   https://www.youtube.com/watch?v=T38v3-SSGcM
[115] Aretha Franklin: *Respect* (1967)
   https://www.youtube.com/watch?v=6FOUqQt3Kg0
[116]Barbara Lynn: *You`ll loose a good thing* (1963)
   https://www.youtube.com/watch?v=0x4AZHDT-4A

Hardbop

Nun muß ich etwas tiefer in die Kiste (d.h. ins Plattenregal) greifen.

Jetzt kommen wahrscheinlich die richtigen „Platten", denn Sie erwähnten ja schon, daß ungefähr in den 50ern die „Langspielplatten" erfunden wurden.

Ja. Zunächst gab es die 17-cm-Platten mit 45 Umdrehungen pro Minute (EP = Extended Play). Manchmal hatten sie 33 1/3 Umdrehungen, dabei gingen schon sechs 3-Minutentitel auf eine Platte. Und dann kam endlich die klassische LP aus *Vinyl* (Polyvinylchlorid = PVC), mit 30 cm Durchmesser und 33 1/3 Umdrehungen pro Minute, und mit bis zu etwa 60 Minuten Spielzeit. Das ermöglichte natürlich längere Aufnahmen, manchmal ganzer Suiten. Meine erste LP, mit *Armstrongs* Hot Five-Aufnahmen, vereinigte zwölf 3-Minuten-Titel auf Vor- und Rückseite.

Sammelalbum für 17-cm-Platten aus den 50er Jahren

Man dachte also nicht nur in einzelnen Titeln, sondern in ganzen Platten. Ich nehme an, daß nun auch die alten 3-Minuten-Stücke auf ganzen LPs zusammengestellt wurden.

Genau. Die Musik aus den Zwanziger bis Vierziger Jahren war nun auf Langspielplatten erhältlich. Die Bebop- und Swing-Musiker machten natürlich auch weiter und produzierten LPs. Ab ungefähr 1990 kamen CDs dazu (mit bis zu 72 Minuten Spieldauer), die weitgehend die LPs ablösten. Da finden sich natürlich Neuaufnahmen, aber auch wieder die alten Titel.

Was in den 50er Jahren zu immer mehr Musik führte...

Jetzt würde es schwierig, chronologisch vorzugehen. Ich werde daher die Musiker, die mir am meisten bedeutet haben und bedeuten, nach ihren Instrumenten nennen. Beginnen wir mit den Rhythmikern.

Meine Lieblingsschlagzeuger der Zeit sind *Art Blakey*[117], *Max Roach*[118] und *Elvin Jones*[119].
   Am Klavier der Bebop-Veteran *Thelonious Monk*[120], der alle, die nach ihm kamen, beeinflußt hat. *McCoy Tyner*[121] wurde

---

[117] Art Blakey: *One by one* und *Ugetsu* (von der LP *Ugetsu*, 1963)
   One by one: https://www.youtube.com/watch?v=9i6GggeAxP4
   Ugetsu: https://www.youtube.com/watch?v=qjAAWZ9G64Q
[118] Clifford Brown/Max Roach: *Daahoud* (1954)
   https://www.youtube.com/watch?v=lv4EarQxGMo
[119] Elvin Jones: *Anthropology* (auf der LP *Dear John C*, 1965)
   https://www.youtube.com/watch?v=o7TBIPvxM8k
[120] Thelonious Monk: *Blue Monk* (auf der LP *Blue Monk)*:
   https://www.youtube.com/watch?v=cWOz9mILqbA
   Well you needn't (m. John Coltrane)
   https://www.youtube.com/watch?v=XF9KqHNjYlE
[121] McCoy Tyner *Blues back* (auf der LP *Reaching Forth*, 1963)
   https://www.youtube.com/watch?v=7LG_N-pwcqQ
   Blues for Basie (auf der LP *Uptown/Downton*, 1989)
   https://www.youtube.com/watch?v=56SVeiByojc

erst bei John Coltrane bekannt, dann auch selbst berühmt. Auch außerhalb der Jazzwelt einen Namen hatte der Kanadier *Oscar Peterson*[122]. Ebenso *Keith Jarrett*[123], der vor allem durch seine ausufernden Solo-Konzerte bekannt geworden ist.

Nicht zu vergessen die Hammond-Orgel, deren Einsatz im modernen Jazz von *Jimmy Smith*[124] begründet wurde.

Und das Vibraphon, das schon in den 30er Jahren von *Lionel Hampton*[125] gespielt wurde, aber meine Lieblingsvibraphonisten sind *Milt Jackson*[126] (vom *Modern Jazz Quartet*) und *Bobby Hutcherson*[127].

Auf der Gitarre wurde die moderne, d.h. Bebop-orientierte Spielweise von *Charlie Christian*[128] schon in den Vierziger Jahren begründet. Er erfand gewissermaßen die Gitarre als Solo-Instrument. Die Tradition wurde von *Wes Montgomery*[129] fortgeführt.

---

[122] Oscar Peterson m. Clark Terry: *Blues for Smedley* (von der LP *Blues for Smedley,* 1964)
https://www.youtube.com/watch?v=XjruI-f_IjQ&list=PL8a8cutYP7frShBOtVoo4EsRKSPag0u7B

[123] Keith Jarrett: *Köln Concert, Pt. 1* (Solo, Tokyo 1984)
https://www.youtube.com/watch?v=HPqK1JJOFxw&list=PL17EAE293A41B6E3B

[124] Jimmy Smith: *See See Rider* (LP *Home Cookin`*)
https://www.youtube.com/watch?v=UsxGNfjstlY

[125] Lionel Hampton. *Hey-ba-ba-rebop* (1946)
https://www.youtube.com/watch?v=5E-sxhsbG9g

[126] Milt Jackson: *Bags Groove*
https://www.*youtube*.com/watch?v=w3TMe98FJDw

[127] Bobby Hutcherson: *Mirrors* (LP *The Kicker*, 1963)
https://www.youtube.com/watch?v=maEbMC2XuKY

[128] Charlie Christian: *Seven come eleven* (m. Benny Goodman Sextet, 1941)
https://www.youtube.com/watch?v=LpcEvSTkSeM

[129] Wes Montgomery: *D natural blues* (LP *The incredible jazz guitar on W.M.)*
https://www.youtube.com/watch?v=vZ5ZrT0IKz0

Eigenwillig und anspruchsvoll war der Bassist *Charlie Mingus*[130]. Solide und subtil ist *Ron Carter*[131]. Und *Charlie Haden*[132] repräsentiert mit dem *Liberation Music Orchestra* die zunehmend politischen Aussagen, die mit der Musik verbunden sind, wie schon *Max Roach*[133], *Sonny Rollins*[134] vor ihm und viele nach ihnen.

Kommen wir zu den Bläsern, zunächst das „Blech"!

Miles Davis[135] hat ganz jung noch in den 40ern bei *Charlie Parker* gespielt, wurde dann ein Exponent der Hardbop-Trompete und läutete auch noch die „Fusion" aus Jazz und Rock ein. Mir gefallen aber seine Aufnahmen aus dem ausgehenden Hardbop am besten, mit denen er auch *John Coltrane* förderte. „Ausgehend" deshalb, weil die Beachtung der „Changes" als künstlerisch einengend empfunden wurde und durch „modale" Konzepte ohne Akkordwechsel abgelöst wurde. Sein legitimer Nachfolger war *Freddie Hubbard*[136].

---

[130] Charlie Mingus:
Wednesday Night prayer meeting (LP *Blues & Roots), 1960)*
https://www.youtube.com/watch?v=x1WQR8Ti1vk
Better get hit in your soul (LP *Mingus Mingus Mingus,* 1963)
https://www.youtube.com/watch?v=Yn1fep3fl40
[131] Ron Carter/Jim Hall: *Autumn Leaves* (LP *Alone Together,*19xx)
https://www.youtube.com/watch?v=mQVe4nCzCQw, 19xx)
[132] Charlie Haden: *Song for Che* (LP *Liberation Music Orchestra,* 1970):
https://www.youtube.com/watch?v=9mvymfjmgXo&list=OLAK5u y_kkQ0yT8mZkw03QEEtJcwPqRAWBCBu7-yM&index=5
[133] Max Roach: *Freedom now suite*
https://www.youtube.com/watch?v=8Zyw4TWbgtE
[134] Sonny Rollins: *Freedom Suite* (1958)
https://www.youtube.com/watch?v=Kr_wwzhtL5Y
[135] Miles Davis: *All Blues* (LP *Kind of Blue)*
https*://www.youtube.com/watch?v=sgW5jc7eQyI*
[136] Freddie Hubbard: *Lament for Booker* (LP *Hubtones*, 1963)
https://www.youtube.com/watch?v=NCt7HnMehN0&list=OLAK5 uy_lpACIykhOQHCSqCYEXPrHrmlFh3SckSWQ&index=7&t=0s

Die Posaunisten *J. J. Johnson*[137] und *Kai Winding* (der aus Dänemark stammte) bildeten eine Zwei-Posaunen-Combo, eine ungewöhnliche Besetzung. Während J. J. Johnson noch aus der Bebop-Zeit stammte, ist *Curtis Fuller*[138] der Hardbop-Posaunist schlechthin.

Jetzt bin ich gespannt auf die Saxophonisten – das ist ja schließlich Ihr Metier!

Die Saxophonisten sind für mich tatsächlich besonders interessant. Die haben mich schließlich in die Musikpraxis geführt. Die folgenden repräsentieren drei Generationen.

Julian „Cannonball" Adderley[139], Altsaxophon (Jg. 1928), stammt noch fast aus der Bebop-Zeit, der ebenso alte *Eric Dolphy*[140] sieht schon den Free Jazz am Horizomt, *Oliver Nelson*[141] (Jg. 1932) und *Joe Henderson*[142] (ts) (Jg. 1937) sind konventioneller (und mir daher verständlicher) und *David Murray*[143] (ts) (Jg. 1955) ist fast „von heute", mit Tendenz zum Free Jazz, der aber auch in die Spiritual-Vergangenheit eintaucht. Nun aber zu dem – meiner Meinung nach – größten:

---

[137] J. J. Johnson :*Blues for trombones* (LP 'J.J. Johnson/Kai Winding Jay & Kai, 19xx)
https://www.youtube.com/watch?v=MABXSZPoXNI

[138] Curtis Fuller: *Down Home* (LP Sliding easy, 19xx)
https://www.*youtube*.com/watch?v=qvYki4ynV-4

[139] Cannonball Adderlery*: Mercy Mercy Mercy* (LP Live at the Club, 19xx)
https://www.*youtube*.com/watch?v=y7FFLYXEOqA

[140] Eric Dolphy: *G.W.* (LP *Outward Bound, 19gg*)
https://www.*youtube*.com/watch?v=LshyazvNxd0

[141] Oliver Nelson: *Stolen moments* (LP *The Blues and the Abstract Truth, 19xx*)
https://www.youtube.com/watch?v=RbaGDDbpcQ4

[142] Joe Henderson: *Blue Bossa* (LP *Page one*, 1963)
https://www.youtube.com/watch?v=rXv6ky1QHA8

[143] David Murray: Nobody knows the trouble I've seen (auf der LP *Spirituals*, 1988)
https://www.youtube.com/watch?v=rXv6ky1QHA8

John Coltrane[144], der vom Hardbop zum Free Jazz gewandert ist, rastlos vorwärtsdrängend, und ein Vorbild für viele seiner und der folgenden Generation. An seinem Free Jazz Monumentalwerk *Ascension* (Himmelfahrt) scheiden sich allerdings die Geister. Drei Free Jazz-Exponenten seien noch erwähnt: *Ornette Coleman*[145] (1930-2015), der zuletzt eine fast poetische Form des freien Spiels entwickelt hat, *Archie Shepp*[146] (Jg. 1937), der inzwischen zu einer Art Altersmilde gefunden hat, und *Albert Ayler*[147] (1936-1970), den sein früher, gewaltsamer, Tod mitten in der Free Jazz-Phase ereilt hat.

Besonders anrührend ist die Geschichte des blinden Tenorsaxophonisten *Roland Kirk*[148], der noch mehrere andere Blasinstrumente, spielte, zum Teil gleichzeitig, darunter die Querflö-

---

[144] John Coltrane: *Acknowledgment* (LP *A Love Supreme,*)
https://www.youtube.com/watch?v=lHUapMTgWD0
John Coltrane: *Blue Train (*LP *Blue Train,* 1957*)*
https://www.youtube.com/watch?v=XpZHUVjQydI
John Coltrane: *Ascension* (Full album, 1965)
https://www.youtube.com/watch?v=HRKX-NZTDVI

[145] Ornette Coleman *Lonely women* (LP *The shape of Jazz to come*)
https://www.youtube.com/watch?v=DNbD1JIH344
Ramblin' (auf der LP *Change of the century*)
https://www.youtube.com/watch?v=kqwdRBWvPs0

[146] Archie Shepp *Mama too tight* (LP: *Mama too tight*, 1967)
https://www.youtube.com/watch?v=yFMPJWIVDNk

[147] Albert Ayler:
Ghosts https://www.youtube.com/watch?v=dtiSA2RKDzc
Blues (Ridiculous!)
https://www.youtube.com/watch?v=HnvSfW2xjMI
Goin' Home: https://www.youtube.com/watch?v=KghKW5DfX3Y

[148] Roland Kirk:
Now please don't you cry, beautiful Edith (LP *Rip, rig and panic*, 1967)
https://www.youtube.com/watch?v=bNlmGQv828g
From Bechet, Byas, and Fats (LP *Rip, rig,and panic*, 1967)
https://*www.*youtube.com/watch?v=n8k3baNeGZo&list=RDn8k3b
aNeGZo&start_radio=1&t=0

te. Auf Youtube kann man das erleben[149]. Mit 40 erlitt er einen Schlaganfall, der ihn einseitig lähmte.

Das war wohl das tragische Ende seiner Karriere.

Durchaus nicht! Ich habe selbst erlebt (im Frankfurter *Sinkkasten*), wie er einhändig mit modifizierten Instrumenten spielte. Er starb zwei Jahre später nach einem zweiten Schlaganfall.

Den Bariton-Saxophonisten *Gerry Mulligan* habe ich schon erwähnt; mehr hardbopmäßig spielte *Pepper Adams*[150], und *Ronnie Cuber* hatte die Idee, mit seinen Bariton-Kollegen *Gary Smulyan* und *Nick Brignola* eine 3-Bariton-Combo[151] zu bilden – das übertrifft noch *Jay and Kay,* das Duo an den Posaunen.

Free Jazz klingt zwar gut, aber ist ein bißchen Form und Regel nicht nötig?

Der form-radikale Free Jazz ist sicher nicht jedermanns Geschmack. Die Musiker haben schon ihre Regeln und beherrschen auch das „klassische" Spielen, aber „Innovation" ist ja in unserer Kultur hoch angesehen und Pflege des kulturellen Erbes gilt schon fast als reaktionär. Man kann diese Musik nicht „nebenbei" hören, aber wenn man sich die Zeit nimmt und versucht, sich ihr unbefangen zu nähern, dann kann das durchaus mit Gewinn geschehen.

Als Big Band-Musiker liegen mir natürlich die großen Bands am Herzen. Das *Thad Jones/Mel Lewis Orchestra*[152] war

---

[149] Roland Kirk live
https://www.youtube.com/watch?v=uq3oTQHsdqc
[150] Pepper Adams:: *Bloos, Blooze, Blues* (LP *The Cool Sound of Pepper Adams*, 1957)
https://www.youtube.com/watch?v=vSswilUR8MA
[151] Ronnie Cuber: *Walkin`shoes.* (CD *Three baritone saxophone band plays Gerry Mulligan,* 1997)
https://www.youtube.com/watch?v=5aL33rE95Hc&list=PLQuScS
eUI1O8ZKRb1T_ZHDGJFxzdu0PE3
[152] Thad Jones/Mel Lewis *Groove Merchant* (LP *Central Park West*)

140

die große Big Band unserer Tage, die *Big Soul Band* des Tenorsaxophonisten *Johnny Griffin*[153] ist was fürs Herz und die *Toshiko Akiyoshi-Lew Tabackin Big Band*[154] ist wohl das Nonplus-ultra der Modernen Big Band.

Nun noch der Gesang: die große *Ella*[155], als sie noch ganz klein, d.h. jung war und beim *Chick Webb* Orchestra vorsang, *Sarah Vaughn*[156], *Nina Simone*[157].und aus unserer Zeit *Oscar Brown jr.*[158] mit seinen souveränen und auch humorvollen Texten und schließlich die größte von allen: *Billie Holiday*[159], deren Karriere die 30er bis 50 Jahre umspannte. Eine Liebesklage aus den 30er Jahren mit ihrem Soul Mate *Lester Young* und ihrer tieftraurigen Ballade *Strange Fruit*, die im übertragenen Sinne immer noch aktuell ist: *Black Lives Matter*.

Fusion, Rock Jazz, Funk und so weiter

Ist damit die Entwicklung des Jazz an einem Endpunkt angekommen?

---

https://www.youtube.com/watch?v=Oi4eAdwv_Io
[153] Johnny Griffin: *Wade in the water* (LP *Big Soul Band*, 1960)
https://www.youtube.com/watch?v=m19UEIu8mKg
[154] Toshiko Akyoshi/Lew Tabackin: *Tuning up* (LP *Road Time*, 1976).
https://www.youtube.com/watch?v=dDWuCIQZMCo
[155] Ella Fitzgerald : *A tisket-a tasket*
https://www.youtube.com/watch?v=BCIFg5ddZZY
[156] Sarah Vaughn: *Lullaby of Birdland*
https://www.youtube.com/watch?v=x8cFdZyWOOs
[157] Nina Simone: *Feeling good* (LP *I put a spell on you*, 1969)
https://www.youtube.com/watch?v=BNMKGYiJpvg
[158] Oscar Brown jr.: *Work Song* (LP *Sin and Soul*)
https://www.youtube.com/watch?v=YpewUVqowHE
[159] Billie Holiday:
All of me: https://www.youtube.com/watch?v=lI5ORDi7yOs
*Strange Fru*it: https://www.youtube.com/watch?v=Web007rzSOI

Nein. Die vom Jazz gespeiste Rockmusik hat mittlerweile eine eigene Entwicklung genommen und auf den Jazz zurückgewirkt. Das Ergebnis nennt man *Fusion*.Das hat vor allem Folgen für die Rhythmik gehabt, verstärkte die Elektrifizierung – die diese Musik behrrschende Gitarre und der den Rhythmus definierende Bass sind nun mal ohne elektrische Verstärkung nicht denkbar – und bezog Elemente von „Weltmusik" mit ein. Diese Entwicklung setzte schon in den 70er Jahren ein und ist bis heute nicht abgeschlossen.

Können Sie führende Vertreter benennen?

Da wären der Pianist *Chick Corea*[160] mit seiner wegweisenden Band *Return to Forever*, die „Gitarrenlastigkeit" zeigt sich bei *Larry Corryell*[161], *Pat Metheny*[162] und *Jaco Pastorius*[163], und die alten (Hard)Bopper wie *Miles Davis*[164], *Herbie Hancock*[165] und *Wayne Shorter*[166] machten auch mit. Aber das für den Jazz meines Erachtens charakteristische „Swing Feeling" trat in den Hintergrund.

---

[160] Chick Corea: *500 miles high* (LP *Light as a feather*)
https://www.youtube.com/watch?v=PPkznRvpHwg
[161] Larry Corryell: *The great escape* (CD Barefoot Bay)
https://www.youtube.com/watch?v=LTr3YMkElfU
[162] Pat Metheny: *Last train home.*
https://www.youtube.com/watch?v=908kjmbjABI
[163] Jaco Pastorius: *The Chicken.*
https://www.youtube.com/watch?v=VBvxNhaEvHE
[164] Miles Davis: *Tutu* (LP
https://www.youtube.com/watch?v=sAMJy-PHzKE
[165] Herbie Hancock: *Rockit*
https://www.youtube.com/watch?v=GHhD4PD75zY
[166] Wayne Shorter: *Havona* (LP Weather Report:*Heavy Weather*)
https://www.youtube.com/watch?v=HEU-m_KVuYI

Coda

Ich höre da etwas Kritik heraus.

Allerdings. Der virtuose Trompeter *Wynton Marsalis*[167] mußte sich dafür als „Traditionalist" beschimpfen lassen, daß er die alten Jazzformen förderte und in seine Musik mit einbezog. Er förderte auch junge Musiker, wie den Posaunisten und Trompeter *Trombone Shorty*[168], eigentlich *Troy Andrews*, der mit 13 Jahren bei Marsalis debütierte – Posaune zu spielen, begann er mit 4!. Glücklicherweise gibt es genug „junge Wilde", die einfach weiter Jazz machen, ohne sich dem Druck zur „Innovation" zu unterwerfen. So der Trompeter *Roy Hargrove*[169] und die Saxophonisten *Joshua Redman*[170], der seinen Free Jazz-Vater *Dewey Redman*[171] beerbte, und Wyntons Bruder *Branford Marsalis*[172]..

Da haben Sie mir ja jetzt umfangreiche Hausaufgaben gestellt! Jedenfalls vielen Dank für Ihre Anregungen. In Zeiten von Youtube *und* Netflix *braucht man ja doch eine gewisse*

---

[167] Wynton Marsalis: *New Orleans* (LP *Standard Time, Vol. 1*)
https://www.youtube.com/watch?v=rKeec_rhqZ0

[168] Wynton Marsalis & Trombone Shorty: *Joe Avery's second line,* 2000*)*
https://www.youtube.com/watch?v=k9YUi3UhEPQ

[169] Roy Hargrove: *Greens at the chicken shack* (CD *R. G. with the Tenors of our time*)
https://www.youtube.com/watch?v=y3MFQaUA0mY&list=PLvx WibFr0wiJdYAGSdF26sInlfNDLd5xo&index=6

[170] Joshua Redman: *Turnaround* (CD *Wish*, 1993))
https://www.youtube.com/watch?v=cXTfKmqZJEA

[171] Dewey Redman: *Seeds and dees* (LP *Concide*, 1974)
https://www.youtube.com/watch?v=KnAnDz35k_4

[172] Branford Marsalis: *The windup* (CD *The secret between the shadow*, 2019)
https://www.youtube.com/watch?v=hnb1FTJCIgM

„Handreichung", um angesichts der Vielfalt nicht überfordert *zu werden.*

Dabei habe ich Ihnen nur einige meine Lieblingstitel genannt. Als ich mir neulich auf einem USB-Stick eine Sammlung fürs Autoradio zusammenstellte, kam ich schon auf über 300 Titel und hätte noch immer weitermachen können – soviel gute Musik ist in den gut 100 Jahren, seit es Jazzplatten gibt, aufgenommen worden.

Ich hoffe, meine persönliche Auswahl wird Ihnen das Eintauchen in die Welt des Jazz erleichtern! Auch wenn ich mich beschränken und viele Künstler, die ich auch gern höre, vernachlässigen mußte.

Der große Rock-Poet *Frank Zappa* sagte: *Jazz isn't dead. It just smells funny* – Der Jazz ist nicht tot, er riecht nur komisch. Aber neue Talente gibt es genug, wie auch die Zeitschrift *downbeat* in jeder Ausgabe dokumentiert.

Ich finde, wenn im Jahre 2020 während der Covid-19-Pandemie der Beatles-Senior *Paul McCartney* (78) mit der Mund-Nasen-Maske um den Hals per *Zoom* virtuell „streaming" mit der *Preservation Hall Jazz Band* in New Orleans den Oldtime-Reißer *When the saints go marching in*[173] singt und dabei (wenn auch eher schlicht) Trompete (!) spielt, schließt sich der Kreis und wir brauchen uns um die Zukunft des Jazz keine Sorgen zu machen. Er ist sichtlich für das 21. Jahrhundert gerüstet.

Ich danke Ihnen für das Gespräch – und für das hoffnungsvolle Schlußwort.

---

[173] Paul McCartney mit der Preservation Hall Jazz Band: *When the saints go marching in.* (Virtual streaming event, online, 2020). https://www.youtube.com/watch?v=Nt_UzHHKEZM

Collage von Nicola Voß (1995)

ANHANG

Lebensdaten der erwähnten Jazzmusiker/innen.

Die Namen der noch Lebenden sind **fett** gedruckt. Trompeter spielen oft auch Flügelhorn. Multiinstrumentalisten sind nicht extra genannt.

Viele Jazzmusiker sind jung verstorben – das läßt sich zum Teil durch die Lebensumstände und Arbeitsbedingungen erklären, die den Mißbrauch von Alkohol und Rauschgift förderten. Und junge Musiker machten's den großen Älteren nach. *Charlie Parker*, der selbst mit 34 Jahren, körperlich ruiniert, starb, mahnte allerdings: Musiker, die behaupteten, besser zu spielen, wenn sie Drogen nähmen, seien Lügner...

Es fällt aber auf, daß viele spätere Musiker ein „biblisches" Alter von mehr als 80 Jahren erreichten – und noch immer musikalisch aktiv waren.

B. B. King, Dave Brubeck, Chuck Berry, Yousef Lateef, Charlie Persip, Jon Hendricks und *Clark Terry* wurden sogar über 90 Jahre alt. *Emil Mangelsdorff, Vi Redd, Richard Davis, Rolf Kühn, Toshiko Akiyoshi* und *Sonny Rollins* sind heute – im Jahre 2020 – auch schon über 90.

Scott Joplin	Klavier	1868-1917
Bunk Johnson	Trompete	1879-1949
Kid Ory	Posaune	1886-1973
Freddie Keppard	Trompete	1890-1933
Jelly Roll Morton	Klavier	1890-1941
Ada Brown	Gesang	1890-1960
Bessie Smith	Gesang	1894-1937
Sidney Bechet	Klarinette	1897-1959
George Gershwin	Klavier	1898-1937
Lil Hardin	Klavier	1898-1971
Duke Ellington	Klavier	1899-1974
George Lewis	Klarinette	1900-1968
Louis Armstrong	Trompete	1901-1971

Jimmy Rushing	Gesang	1901-1972
Bix Beiderbecke	Trompete	1903-1931
Jimmy Rushing	Gesang	1903-1972
Fats Waller	Klavier	1904-1943
Valaida Snow	Trompete	1904-1956
Coleman Hawkins	Tenorsax	1904-1969
Count Basie	Klavier	1904-1984
Tommy Dorsey	Posaune	1905-1956
Cab Calloway	Gesang	1907-1994
Louis Jordan	Tenorsax	1908-1975
Lionel Hampton	Vibraphon	1908-2002
Art Tatum	Klavier	1909-1956
Lester Young	Tenorsax	1909-1959
Ben Webster	Tenorsax	1909-1973
Benny Goodman	Klarinette	1909-1986
Django Reinhardt	Gitarre	1910-1953
Roy Eldridge	Trompete	1911-1989
Billie Holiday	Gesang	1915-1959
Bill Doggett	Hammond-Orgel	1916-1996
Thelonious Monk	Klavier	1917-1982
Dizzy Gillespie	Trompete	1917-1993
Ella Fitzgerald	Gesang	1917-1996
Mongo Santamaria	Gesang	1917-2003
Joe Williams	Gesang	1918-1999
Marian McPartland	Klavier	1918-2013
Nat King Cole	Gesang, Klavier	1919-1965
Art Blakey	Schlagzeug	1919-1990
Charlie Parker	Altsaxophon	1920-1955
Jimmy Forrest	Tenorsax	1920-1980
John Lewis	Klavier	1920-2001
Dave Brubeck	Klavier	1920-2012
Yusef Lateef	Tenorsax	1920-2013
Clark Terry	Trompete	1920-2015
Erroll Garner	Klavier	1921-1977
Jon Hendricks	Gesang	1921-2017

Oscar Pettiford	Baß	1922-1960
Charles Mingus	Baß	1922-1979
Kai Winding	Posaune	1922-1983
Illinois Jacquet	Tenorsax	1922-2004
Wes Montgomery	Gitarre	1923-1968
Erroll Garner	Klavier	1923-1977
Milt Jackson	Vibraphon	1923-1999
Dinah Washington	Gesang	1924-1963
Sonny Stitt	Tenorsax	1924-1982
Sarah Vaughn	Gesang	1924-1990
J. J. Johnson	Posaune	1924-2001
Max Roach	Schlagzeug	1924-2007
Oscar Peterson	Klavier	1925-2007
B B King	Gitarre	1925-2015
Emil Mangelsdorff	Altsaxophon	**1925-**
John Coltrane	Tenorsax	1926-1967
Miles Davis	Trompete	1926-1991
Ray Brown	Baß	1926-2002
Oscar Brown jr	Gesang	1926-2005
Chuck Berry	Gitarre, Gesang	1926-2017
Randy Weston	Klavier	1926-2018
Stan Getz	Tenorsax	1927-1991
Gerry Mulligan	Baritonsax	1927-1996
Elvin Jones	Schlagzeug	1927-2004
Eric Dolphy	Altsaxophon	1928-1964
Cannonball Adderley	Altsaxophon	1928-1975
Albert Mangelsdorff	Posaune	1928-2005
Jimmy Smith	Hammond-Orgel	1928-2005
Johnny Griffin	Tenorsax	1928-2008
Horace Silver	Klavier	1928-2014
Vi Redd	Altsaxophon	**1928-**
Chet Baker	Trompete	1929-1988
Mel Lewis	Schlagzeug	1929-1990
Charli Persip	Schlagzeug	1929-2020
Toshiko Akiyoshi	Bandleader	**1929-**
Rolf Kühn	Klarinette	**1929-**
Clifford Brown	Trompete	1930-1956

Blue Mitchell	Trompete	1930-1979
Pepper Adams	Baritonsax	1930-1986
Ray Charles	Gesang, Klavier	1930-2004
Ornette Coleman	Altsaxophon	1930-2015
Sonny Rollins	Tenorsax	**1930-**
Richard Davis	Bass	**1930-**
Dewey Redman	Tenorsax	1931-2006
Andrew Hill	Klavier	1931-2007
Wolfgang Lauth	Klavier	1931-2011
Joao Gilberto	Gitarre	1931-2019
Kenny Burrell	Gitarre	**1931-**
Oliver Nelson	Tenorsax	1932-1975
Heinz Sauer	Tenorsax	**1932-**
Nina Simone	Gesang, Klavier	1933-2003
James Brown	Gesang	1933-2006
Wolfgang Schlüter	Vibraphon	1933-2018
Manu Dibango	Gesang, Tenorsax	1933-2020
Wayne Shorter	Tenorsax	**1933-**
King Curtis	Tenorsax	1934-1971
Junior Cook	Tenorsax	1934-1992
Shirley Scott	Hasmmond-Orgel	1934-2002
Curtis Fuller	Posaune	**1934-**
Abdullah Ibrahim	Klavier	**1934-**
Paul Chambers	Baß	1935-1969
Roland Kirk	Tenorsax	1935-1977
Peter Herbolzheimer	Posaune	1935-2010
Karlhanns Berger	Vibraphon	**1935-**
Albert Ayler	Tenorsax	1936-1970
Carla Bley	Bandleader	**1936**
Klaus Doldinger	Tenorsax	**1936-**
Joe Henderson	Tenorsax	1937-2001
Charlie Haden	Baß	1937-2014
Ron Carter	**Baß**	**1937-**
Gunter Hampel	Vibraphon, Sax	**1937-**
Archie Shepp	Tenorsax	**1937-**
Booker Little	Trompete	1938-1961

Lee Morgan	Trompete	1938-1972
Freddie Hubbard	Trompete	1938-2008
McCoy Tyner	Klavier	1938-2020
Joanne Brackeen	Klavier	**1938-**
Rhoda Scott	Hammond-Orgel	**1938-**
Sonny Fortune	Tenorsax	1939-2018
Hugh Masekela	Trompete	1939-2018
Herbie Hancock	Klavier	**1940-**
Chuck Mangione	Trompete	**1940-**
Lew Tabackin	Tenorsax	**1940-**
Bobby Hutcherson	Vibraphon	1941-2016
Chick Corea	Klavier	**1941-**
Ronnie Cuber	Baritonsax	**1941-**
Ruby Wilson	Gesang	1942-2016
Aretha Franklin	Gesang	1942-2018
Barbara Lynn	Gesang	**1942-**
George Benson	Gesang, Gitarre	**1943-**
Keith Jarrett	Klavier	**1945-**
Jocelyn Brown	Gesang	**1950**
Dee Dee Bridgewater	Gesang	**1950-**
Bobbi Humphrey	Flöte	**1950-**
Jaco Pastorius	e-Baß	**1951**
Pat Metheny	Gitarre	**1954**
Marilyn Mazur	Schlagzeug	**1955-**
Cassandra Wilson	Gesang	**1955-**
David Murray	Tenorsax	**1955-**
Eliane Elias	Gesang, Klavier	**1960-**
Branford Marsalis	Tenorsax	**1960-**
Maria Schneider	Bandleader	**1960-**
Wynton Marsalis	Trompete	**1961-**
Renee Rosnes	Klavier	**1962-**
Barbara Dennerlein	Hammond-Orgel	**1964-**
Diana Krall	Gesang, Klavier	**1964-**
Terry Lyne Carrington	Schlagzeug	**1965-**

Ingrid Jensen	Trompete	**1966-**
Julia Hülsmann	Klavier	**1968-**
Roy Hargrove	Trompete	1969-2018
Joshua Redman	Tenorsax	**1969-**
Sarah Morrow	Posaune	**1969-**
Esperanza Spalding Baß, Gesang		**1984-**
Trombone Shorty Posaune		**1986-**
Cécile McLorin Salvant Gesang		**1989-**

Quellennachweise

Teil I wurde zuerst veröffentlicht in J. Scheer: *Identität und Gesellschaft*. Giessen:Psychosozial Verlag, 2002 (S. 289-297). Eine englische Fassung wurde unter dem Titel *Living with jazz. Construing cultural identity* vorgetragen auf dem *16. International Congress for Personal Construct Psychology* in Columbus, Ohio, USA, Juli 2004. Sie erschien in überarbeiteter Form in J. W. Scheer, K. W. Sewell (Eds.): *Creative Construing. Personal Constructions in the Arts.* Gießen: Psychosozial Verlag, 2006 (S. 110-118).

Die Geschichten in Teil II (ausgenommen die *Jazzwoche in New York* und das *Vuvuzela-Konzert*) wurden veröffentlicht in J. Scheer: *Immerwährender Geschichtenkalender*. Norderstedt, BoD, 2010 .

Teil III und Teil IV wurden neu verfaßt.

Abbildungen

Die meisten *Fotos* stammen vom Verfasser, ausgenommen:

Anonym gemeinfrei bzw. fair use (S. 16, 47, 56, 76, 77, 96, 100, 126)
P. Peemöller (S. 75, 118)
Peter Rieker (S. 34, 107)
Janina Schmidt (S. 60, 73, 118)
New York Times (Jack Worthington, fair use, S. 55)
Stash Records (L'Ana Webster, fair use) (S.96)
Verlag Das neue Filmprogramm (S. 100)
Wikipedia Commons/gemeinfrei (S. 56, 60 (Kattekrat), 123)

Literatur

Über Jazz gibt es zahllose Bücher – meine eigene Jazz-Bibliothek umfaßt schon gut 100 Titel.–; viele davon sind Musiker-Biographien. Hier sind nur einige Einführungen oder umfassende Enzyklopädien genannt.

Berendt, J. E. (1953): *Das Jazzbuch.*   Frankfurt: Fischer-Bücherei. (239 S.) (7. Auflage hrsg. von Günther Huesmann, 2007. 944 S.)

Cook, R., Morton, B. (2003) *The Penguin Guide to Jazz on CD.* Sixth Edition. London: Penguin (1730 S.)

Hauber, A., Jost, E., Wolbert, K. (1988). *That's Jazz. Der Sound des 20. Jahrhundert.* Katalog zur Ausstellung in Darmstadt. (723 S.)

Kernfeld, B. (Ed.) (1988, 1994) *The New Grove Dictionary of Jazz.*London: McMillan. (1385 S.)

Shapiro, N., Hentoff, N. *Jazz erzählt* (1962) (Original: *Hear me talkin' to ya*) München: dtv. (278 S.)

Schaal, H.-J. (2001). *Jazz-Standards. Das Lexikon.* Kassel: Bärenreiter. (590 S.)

Sikora, F. (2003). *Neue Jazz-Harmonielehre* (2. Aufl.). Mainz, Schott. (589 S.)

Sutro, D. (2006). *Jazz for dummies.* New York: Wiley.(366 S.)

Jörn Scheer

Island quer in Gummistiefeln

Eine Wanderung im Jahre 1963

edition ardetta, Hamburg, 2009 – edition.ardetta.com

Verlag und Druck: Book on Demand, Norderstedt
150 S., 98 Abb., € 9,90 – ISBN 978-3-8391-0136-0

Vier junge Männer hatten im Jahre 1963 die abseitige Idee, Island zu Fuß zu durchqueren – als die „Insel aus Feuer und Eis" noch nicht zum Standardprogramm des Geländewagentourismus gehörte. Die traditionellen Islandponies fielen für den unerläßlichen Gepäcktransport in dem kargen Hochland schon aus finanziellen Gründen aus – da nahmen sie eben Schlauchboote, um die Wasserwege zu nutzen, die Gletscherflüsse wie die Thjórsá boten. Die Experten schüttelten ihre Häupter, und dank unzureichender Ausrüstung klappte nicht alles wie geplant, das Reisetagebuch zeigt aber, daß die vier Wanderer sich selbst im Schneesturm wacker gehalten haben.

Jörn Scheer

Zugfahrt durch Indien

Eine Rundreise im Jahre 1966

edition ardetta, Hamburg, 2013 – edition.ardetta.com

Verlag und Druck: Book on Demand, Norderstedt
208 S., 228 meist farbige Abb., € 36,90 – ISBN 978-3-7322-5658-7

Von Hippies auf der Suche nach Erleuchtung hatte man auf dem indischen Subkontinent noch nichts gehört, als drei junge Männer sich im Jahre 1966 anschickten, das Land Mahatma Gandhis, der Maharadschas und der Moghul-Kaiser zu entdecken. Sie wählten das volkstümlichste Transportmittel, die Eisenbahn 4. Klasse, für ihre vor allem der klassischen Kultur des Landes gewidmete Rundreise. Hin-, Ab- und Rückwege führten sie zu weiteren Orten, die – heute von Krieg und Aufruhr gezeichnet – damals noch im Frieden lebten: Kabul, Kathmandu, Colombo, Teheran, Bagdad, Beirut, Kairo.

Jörn Scheer

Radfahrten in Australien – Bike Rides Down Under

edition ardetta, Hamburg, 2011 – edition.ardetta.com

Verlag und Druck: Book on Demand, Norderstedt
200 S., 142 farbige Abb., € 23,90 – ISBN 978-3-8448-0845-2

An Australien wird man nicht als erstes denken, wenn man eine längere Radtour plant – die großen Entfernungen, die Hitze, die Einsamkeit... Aber die australischen Radfahrervereinigungen bieten die Möglichkeit zu wunderschönen Fahrten, z. B. im südaustralischen Outback oder durch die Wald- und Weinregionen in West-Australien, wie dieser zweisprachige – deutsch/englisch – Bericht zeigt.

Jörn Scheer

Meine Neue Enzyklopädie

edition ardetta, Hamburg, 2009 – edition.ardetta.com

Verlag und Druck: Book on Demand, Norderstedt
308 S., 24 Abb., € 21,90 – ISBN 978-3-8391-9813-1

Von Alberto Savinio, einem Bruder des Surrealisten Giorgio de Chirico, erschien 1977 posthum seine *Neue Enzyklopädie* „zum persönlichen Gebrauch", eine Sammlung von Zeitungskolumnen, in denen der umfassend gebildete italienische Großbürger die Zeitläufte kommentierte. Sie regte Jörn Scheer an, ein halbes Jahrhundert später „seine" Neue Enzyklopädie zu verfassen, auch sie eine Kollektion von kurzen Stellungnahmen zu Themen von größerer und auch geringerer Bedeutung – und nicht nur „zum persönlichen Gebrauch", auch wenn viele durchaus persönlicher Natur sind.

Jörn Scheer

Immerwährender Geschichten-Kalender

edition ardetta, Hamburg, 2010 – edition.ardetta.com

Verlag und Druck: Book on Demand, Norderstedt
348 S., 54 Abb., € 25,90 – ISBN 978-3-8423-3787-9

Bauernkalender enthielten seit dem 17. Jahrhundert neben allerlei praktischen Ratschlägen auch Geschichten „unterhaltenden und belehrenden" Charakters, lange bevor Johann Peter Hebel die seinen separat veröffentlichte und noch später Bert Brecht und Oskar Maria Graf neben anderen das literarische Genre der *Kalendergeschichten* ins Leben riefen. Jörn Scheer kehrte das Prinzip um, indem er zu wichtigen und weniger wichtigen Daten der Weltgeschichte unterhaltsame Geschichten erfand und so einen *Geschichten-Kalender* kreierte, der immerhin für 100 Tage je ein doppelseitig beschriebenes Kalenderblatt umfaßt.

Jörn Scheer

Hambuich - einz un jetz

edition ardetta, Hamburg, 2018 – edition.ardetta.com

Verlag und Druck: Book on Demand, Norderstedt
286 S., 33 Abb., €13,99 – ISBN 9-783752 880588

Wie sich eine Stadt im Laufe der Zeit verändert, wird besonders deutlich, wenn man nach jahrzehntelanger Abwesenheit zurückkehrt. Jörn Scheer beschreibt in fast zweihundert Mini-Reportagen, wie sich ihm seine Heimatstadt "einz un jetz" darstellt – verfaßt im heimischen Tonfall, dem *Missingsch*, das Tucholsky einmal den Versuch des Plattdeutschen genannt hat, Hochdeutsch zu sprechen. Vieles von dem Berichteten wird auch den Eingeborenen neu sein und kann als Anregung für eigene Erkundungen dienen.